商品ビジネス開発のケースブック

The casebook of goods and service, business development

見目 洋子 [編著]
Yoko kenmoku

東京　白桃書房　神田

はしがき

　現代社会では，実に多様な価値観が意味を持ち，確実に，それらの多くが市場に反映されている。市場では熾烈な競争が繰り広げられ，新たなビジネスが生まれ，そこから魅力ある商品が誕生している。

　では，その優れた商品開発を支えているものとは，一体，何だろう。それは，開発者のユニークな発想や市場の課題を見事に突いた着眼点，また新しい画期的な技術開発や既存技術の改良，あるいは社会構造を変革する新たな法・制度の導入が引き金となるなど，実にさまざまな要因や理由がある。

　商品を巡る競争を分析するためには，当然，競合他社を含め市場化された商品の実態を見極めることが基本となる。その上で，何が，今日の市場ソリューション（問題解決）であるのか，市場の潜在的ニーズを再考し，新たな商品価値の可能性を想起することが必要となる。そしてさらに，単体としての商品やサービスを注目することだけでなく，商品誕生のきっかけとなった事業の仕組みや展開の特色にも注目し，またそれらの活動を可能とする企業間の連携のあり方など，単体の商品を巡る視点から，新規事業化への構想まで含めた分析対象とする視点が，今日的な商品を巡る競争の分析には必要と考える。

　つまり，現実の閉塞的な市場競争に晒されている商品現象を分析するには，新たな事業価値を発現した企業の事業化構想力をも分析対象として捉えることが大切であり，それらは企業の掲げる経営戦略とも密接にかかわることに他ならないからだ。これが，本書の問題意識となっている。

　企業において，そもそも経営戦略が重要とされる背景とは何か。企業の新規参入などにより市場競争が激化し，さらに顧客のニーズの変化により市場活動に変化が生ずる。そこでは，新たな生産システムが開発されて，生産性を高める局面へと変化する。また，提供するチャネル，流通システムもたとえばIT革新などにより従来までの仕組みに大きな変化が生じる。新たな顧客獲得を想定し，顧客情報管理など顧客への多様なアプローチが検討され，そのための新たな仕組み構築が必須となる。さらに，新たな技術革新に基づく新製品の登場が実現する。こうした市場活動の変化を捉えた企業経営の新たな手法や経営戦略が実践されていることにも多少なりとも着目した分析が必要と考える。

従来までの固定的な市場活動の枠の理解を超え，現状の商品を巡る競争状態を打破する市場ソリューションを見据えることが，大きな課題となろう。そのためにも，新たな事業化や事業形態をも視野に入れた再考を想定する。例えば，最近の多くのPB商品に見られる共同開発の展開や異業種や異業態の事業提携など，これらはいずれもこれまでの自己完結型の企業組織のあり方を超えた新しい発想を踏まえた戦略的な組織活動の結果，誕生した商品である。

　時代の変化を的確に捉える多様な価値軸を読みとらねばならない。今，市場の関心がどこに集まっているのか，市場の変化や不足を見極める顧客との適合，新規事業展開を想定した技術やシステムの高度化と適合，企業と消費者の間の新たな情報交換・交流により，価値ある商品が誕生していく。

　本書では，商品の進化の意味を捉え，市場ソリューションを想定した新たな事業構想力の重要性を認識して，そこから如何なる商品開発が実現するのか。また，新たな技術開発により市場競争を優位に展開する技術マネジメントのあり方にも言及し，どのような新たな事業化が実現しているのか。新たな事業から我々の生活スタイルを変化させる魅力的な商品価値がどのように生まれているのかなど，それぞれの章で具体例を通して考察することを試みた次第である。

　新たな商品を巡る競争現象を分析するための一助となれば，幸いである。

　　2013年6月　　　　　　　　　　　　　　　　　　　　　　見目　洋子

目 次

はしがき　i

1 章　新たな価値を創造する商品開発と事業構想力 …………… 1
　1　はじめに　1
　2　事業の構想力と商品開発　3
　　　2-1　市場ソリューションを捉える
　　　2-2　新たな事業革新への挑戦
　3　ケーススタディ：市場のソリューションを捉えた新たな
　　花ビジネス
　　　―㈱パークコーポレーション「青山フラワーマーケット」の展開―　13
　　　3-1　従来までの花卉事業の実情―生花小売業の現状―
　　　3-2　㈱パークコーポレーション「青山フラワーマーケット」
　　　　　の事業構想力―ビジネス展開の経緯と躍進―
　4　おわりに　24

2 章　イノベーションと商品開発
　　　技術・市場と社会性の視点から商品開発を考える ……………… 27
　1　はじめに　27
　2　イノベーション研究から得られる商品開発の視点　28
　　　2-1　生産性のジレンマ―製品技術と工程技術による
　　　　　イノベーションの分析―
　　　2-2　技術と市場の関連によるイノベーションの分析
　　　2-3　技術変化の内容によるイノベーションの分析
　　　2-4　イノベーションのジレンマ
　　　2-5　既存の技術体系における帆船効果
　　　2-6　イノベーションの考察と商品開発
　3　照明におけるイノベーションと商品開発
　　　―白熱電球に代替する電球形蛍光灯および LED 電球の開発事例―　41
　　　3-1　光のイノベーション

　　　　　　3-2　電球形蛍光灯の開発
　　　　　　3-3　LED電球のイノベーション
　　　　　　3-4　事例の分析について
　　4　イノベーションと社会との調和　48
　　　　　　4-1　暖かいイノベーションと冷たいイノベーション
　　5　おわりに　51

3章　脱コモディティ化をめぐる商品開発 …………………55
　　1　はじめに　55
　　2　市場におけるコモディティ化現象とその課題　57
　　　　　　2-1　商品のコモディティ化現象
　　　　　　2-2　コモディティ化の3つの論点
　　　　　　2-3　市場における商品のカニバリゼーション
　　　　　　2-4　打開策として注目する3つのアプローチ
　　3　脱コモディティ化へのケーススタディ
　　　　―プラス㈱の「裏から見えない修正テープ」の事例―　66
　　　　　　3-1　文房具商品の市場動向，修正テープの状況
　　　　　　3-2　コモディティ化する修正テープの商品市場
　　　　　　3-3　プラス㈱の修正テープの事業展開，商品の特徴
　　　　　　3-4　「裏から見えない修正テープ」の商品開発
　　4　おわりに　77

4章　商品・ビジネス価値を創出するデザイン …………………81
　　1　はじめに　81
　　2　商品におけるデザインの価値　82
　　　　　　2-1　4つの商品価値とデザイン
　　　　　　2-2　デザイン分野と商品
　　　　　　2-3　ブランド価値におけるデザイン
　　3　無印良品の概要　84
　　4　無印良品らしさをつくるしくみ　87
　　　　　　4-1　デザインアドバイザリー

　　　　　4-2　デザイン哲学の継承と進化
　　5　デザイナーを集めるしくみ　91
　　6　デザインとコストのしくみ　93
　　　　　6-1　内部化と外部化
　　　　　6-2　設計とデザイン
　　7　顧客とつくるしくみ　95
　　　　　7-1　顧客の観察
　　　　　7-2　顧客情報の吸い上げ
　　8　おわりに　98

5章　ファストファッションの成長とアパレル産業のゆくえ … 101
　　1　はじめに　101
　　2　ファッションとアパレルの定義　102
　　3　アパレル産業の構造と商品開発スケジュール　103
　　　　　3-1　アパレル業界の構造とアパレル製造工程
　　　　　3-2　アパレル開発スケジュールと流行情報のやりとり
　　4　ファストファッションのビジネスモデル　108
　　　　　4-1　ファストファッションの定義
　　　　　4-2　ファストファッションの成立要因
　　5　ハニーズのビジネスモデル　113
　　　　　5-1　ハニーズの沿革
　　　　　5-2　ハニーズの商品開発スケジュール
　　6　おわりに　119

6章　組織連携による食・農業事業の革新性
　　生産集団・和郷園と経営戦略集団・㈱和郷のビジネスの躍進 ………… 125
　　1　はじめに　125
　　2　㈱和郷の発想―「農家」から「農業経営者」へ―　126
　　　　　2-1　農業者の疑問，そして，和郷の創業
　　　　　2-2　㈱和郷の経営者としての認識

　　　　2-3　㈱和郷が展開する食・農業事業の構想
　　3　今日の食・農業ビジネスの背景　132
　　　　3-1　農業事業を取り巻く現状，そして課題
　　　　3-2　食品関連企業の農業事業参入
　　4　㈱和郷のビジネスモデルの革新性　135
　　　　4-1　㈱和郷の課題とは
　　　　4-2　競争力を実現する革新性
　　5　おわりに　141

7章　ユニバーサルデザインフォントの製品開発
リムコーポレーションの事例を通して ……………………………… 145
　　1　はじめに　145
　　2　ユニバーサルデザイン　145
　　3　事例：リムコーポレーション　151
　　　　3-1　フォント開発
　　　　3-2　沿　革
　　　　3-3　実　績
　　　　3-4　ユニバーサルデザインフォント「Uni-Type」
　　4　事例分析：ユニバーサルデザインフォント　156
　　　　4-1　ユニバーサルデザインフォントが求められている
　　　　　　　背景
　　　　4-2　技術情報
　　　　4-3　市場情報
　　　　4-4　普及活動
　　5　おわりに　164

8章　化粧品業界におけるコミュニケーション戦略の展開 …… 169
　　1　はじめに　169
　　2　化粧品の製品特性と流通チャネルの変化　170
　　　　2-1　化粧品の製品特性
　　　　2-2　化粧品流通チャネルの変化

3 美容代理消費者向けコミュニケーションの成立 173
   3-1 美容代理消費者の出現
   3-2 美容代理消費者に対するPR活動の激化
4 ジーノのコミュニケーション戦略 177
   4-1 ジーノ発売の経緯と現状
   4-2 ジーノのコミュニケーション戦略
5 おわりに 184

1章 新たな価値を創造する商品開発と事業構想力

1 はじめに

　現代社会では，多様な価値観が意味を持ち，次第に，それぞれの価値観が拡張し派生的に繋がり，多くの活動がこれまでとは違う局面を見せて展開するのが常である。こうした社会の変化の中で，市場では熾烈な競争が繰り広げられ，新たなビジネスの登場で生活スタイルが変容し，新たな価値を発現する優れた商品が誕生する。

　では，その優れた商品開発を支えているものとは，一体，何だろう。それは，新しい画期的な技術の開発や既存技術の改良，開発者のユニークな発想や市場の課題を見事に突く理にかなった着眼点，あるいは社会構造を変革する新たな法・制度の導入が引き金となるなど，実にさまざまな要因や理由があるだろう。

　商品開発担当者は，競合他社を含め市場化された商品の実態を見極め，戦略的展開を実現する新天地を必死で探索する。何が，市場ソリューション（問題解決）であるのか，市場の潜在的ニーズを再考して新たな商品価値の可能性を想定する。そして，次第に，彼らの姿勢は，単に，現状の商品やサービスの開発だけでなく，新商品を誕生させるきっかけを生む新規事業の仕組み，企業の個々の活動の新たな連携など，企業間の新たな関係性へと，単体の商品を巡る視点から，さらに新規事業化構想へと思考や視野が広がり，企業が持続的発展を維持するための経営戦略に通じる観点や行動全般へと繋がっていく。つまり，現状の閉塞的な市場競争に晒されている商品現象を再考することは，同時に，

新たな市場活動に適した新規事業化を描き自社に適した事業化の構想力にも通じることになろう。

　そもそも，企業において，経営戦略が重要とされる背景とは何か。一般に，企業の新規参入などによる市場競争が激化し，さらに顧客のニーズの変化により市場活動に変化が生ずる。そこでは，新たな生産システムが開発されて，生産性を高める局面へと変化する。また，提供するチャネル，流通システムも例えばIT革新などにより従来までの仕組みに大きな変化が生じる。新たな顧客獲得を想定し，顧客情報管理など顧客への多様なアプローチが検討され，そのための仕組み構築が必須となる。さらに，技術革新に基づく新製品の登場が実現する。こうした市場活動の変化を捉え，企業組織が一層の躍進を維持するためには，従来までの企業経営の手法を超えた新たな経営戦略が必然的に求められることになる。

　従来までの固定的な活動系の理解を超え，現状の競争状態を打破する市場ソリューションを捕縛することは，当然，企業にとって必須の課題である。活動組織のあり方，活動する事業領域，事業形態の構造等々，これら諸々の再考である。例えば多くのPB商品に見られる共同開発の展開や異業種や異業態の事業提携など，これらはいずれもこれまでの自己完結型の企業組織のあり方を超えた新しい発想を踏まえた戦略的な組織活動である。

　そのためにも，時代の変化を的確に捉える多様な価値軸を読みとらねばならない。今，市場の関心がどこに集まっているのか，市場の変化や不足を見極める顧客との適合，新規事業展開を想定した技術やシステムの高度化と適合，企業と消費者の間の新たな情報交換・交流により，価値ある商品が誕生する。

　本章では，市場ソリューションを捉えた新たな事業構想力の重要性を認識して，そこから如何なる新製品開発が実現するのか。また，新たな技術開発により市場競争を優位に展開する技術マネジメントのあり方にも言及し，戦略的な研究開発マネジメントの意義を考える。そして，そこからどのような新たな事業化が実現しているのか，それにより我々の生活スタイルがどう変化し，魅力的な商品価値が生まれているのか，具体的な事例を通して考察する。

2 事業の構想力と商品開発

2-1 市場ソリューションを捉える
新たな商品開発のためのソリューション，事業構想

　一般に，企業活動の目的とは，持てる資産（経営資源＝ヒト・モノ・金・情報・技術）を最大限に活用して，新たな価値創造を図り実践し，成長していくことである。それ故，企業経営において，商品（製品）開発は重要な位置を占めている。企業が備えた技術や情報を統合して，価値創造を具体化するために，効率的で実践的な生産過程で，可能な限り付加価値の増大化をどのように実現できるか，実に，新たな商品開発の役割は多大である。

　そもそも，新たな商品開発を考える際に，我々は，対象として検討する商品をどのように捉えているのだろう。今日，マーケティング研究の対象とした場合，商品とはサービスの束であり，顧客が最終的に求めるものは「モノ（製品）」ではなく，「サービス」である，と認識される。生活者に如何なる利便性を提供するのか，どのような付加価値を提供するのか，新たな自分らしいコトを提案するのか，こうした魅力や価値を踏まえて商品価値が判断され評価されるのが，常である。さらに，そうした価値のある商品を作るために，商品開発の現場＝モノづくりの現場では，単に，生産現場における個別の活動を，いわば，狭義の視点でとらえた作業活動だけを指している訳ではない。

　高い商品価値を有する商品開発の現場では，必ずや，広義のモノづくりの視点に立ち，イノベーションやソリューションを開発の際の重要な視点と捉え，生産現場では連続的に把握して活動を実践しようとする。つまり，広義のモノづくりとは，製品企画，設計，生産準備，購買，生産，販売，サービスという一連のすべての流れを想定し，把握しなければならない。つまり，商品（製品）開発の現場とは，本質的に生産工程→製品構造→製品機能→顧客解釈→顧客満足という一連の連鎖活動であり，将来の生産・消費過程のシミュレーションであり，それによって初めて，市場優位性を確保する顧客満足型の商品開発が実現されるのである。製品開発過程（シミュレーションする側；製品コンセプト→機能設計→構造設計→工程設計→生産工程）と顧客満足創出過程（シ

図1-1 食ビジネスソリューションを考える

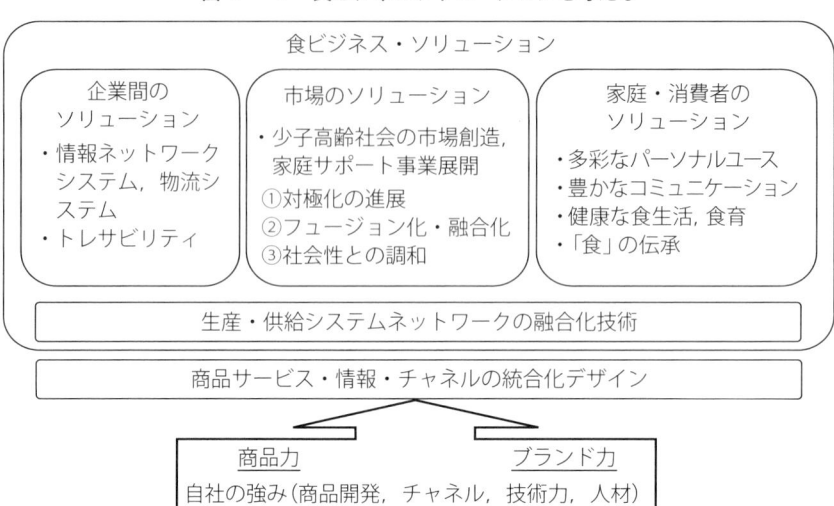

```
食ビジネス・ソリューション
┌─────────────────┬─────────────────┬─────────────────┐
│ 企業間の         │ 市場のソリューション │ 家庭・消費者の   │
│ ソリューション   │ ・少子高齢社会の市場創造、│ ソリューション   │
│ ・情報ネットワーク│  家庭サポート事業展開│ ・多彩なパーソナルユース│
│  システム，物流シ │ ①対極化の進展      │ ・豊かなコミュニケーション│
│  ステム          │ ②フュージョン化・融合化│ ・健康な食生活，食育│
│ ・トレサビリティ │ ③社会性との調和    │ ・「食」の伝承    │
└─────────────────┴─────────────────┴─────────────────┘
    生産・供給システムネットワークの融合化技術
    商品サービス・情報・チャネルの統合化デザイン
         ↑                          ↑
    ┌─商品力──────────────ブランド力─┐
    │ 自社の強み（商品開発，チャネル，技術力，人材） │
    └──────────────────────────┘
```

ミュレーションされる側；生産工程→製品構造→製品機能→顧客満足）という，開発から生産現場，顧客に至る一貫した連鎖を通観し，企業は，現場の潜在力を極めて注視し，長期にわたる戦略的な活動を展開していかなければならない。

　近年の産業構造の変化や少子高齢社会の消費動向の変化，また市場における業態の変化など，商品を取り巻く市場環境の変化を把握し，市場ソリューションを見極めながら，新たな事業構想を指向することが重要な課題である。

　ここで，食品市場を一例として，食ビジネス・ソリューションを考える。

　図1-1は，自社の獲得している商品力並びにブランド力に対して想定される市場ソリューションの各々の論点を例示したものである。自社の商品力，ブランド力を踏まえて，自社の強みを生かすソリューションを想定し，企業間のソリューション，市場のソリューション，家庭・消費者のソリューションである個々の活動を想定した際，それに対して，自社は何を実行できるのか，またするべきなのか。不採算事業の見直しや，改めて何が不足している事業活動なのか，あるいは自社にとっての育成事業活動あるいは戦略事業として経営資源を集中投資し，どのように事業強化策を構築することが必要であるのか等，事業の構造改革や課題を考えるためのものである。つまり，現時点での自社の事

図1−2　事業価値，企業価値の創造・高揚（食ビジネスから）

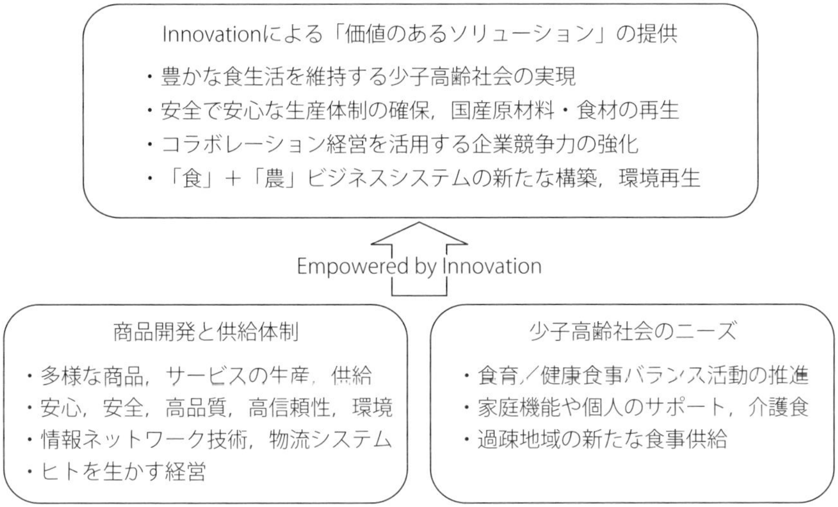

Innovationによる「価値のあるソリューション」の提供
- 豊かな食生活を維持する少子高齢社会の実現
- 安全で安心な生産体制の確保，国産原材料・食材の再生
- コラボレーション経営を活用する企業競争力の強化
- 「食」＋「農」ビジネスシステムの新たな構築，環境再生

Empowered by Innovation

商品開発と供給体制
- 多様な商品，サービスの生産，供給
- 安心，安全，高品質，高信頼性，環境
- 情報ネットワーク技術，物流システム
- ヒトを生かす経営

少子高齢社会のニーズ
- 食育／健康食事バランス活動の推進
- 家庭機能や個人のサポート，介護食
- 過疎地域の新たな食事供給

　業活動から議論を行うだけでなく，全体の市場ソリューションから，自社の活動領域を再考し，事業活動の不足を発見する，あるいは新たな強みとなる事業活動の構想を議論するための発想の場として示してある。

　次いで，それぞれの市場ソリューションに対して，企業側では，新たな事業化を構想し，実践することが必至となるが，食ビジネスにおける多様なイノベーションを基盤として，価値のあるソリューションの創出を想定し，少子高齢社会の食のニーズを反映した事業価値や企業価値の創造や高揚のために，どのような商品開発や供給体制が必要とされると考えられるのだろうか。図1−2にはそれらの具体例としての幾つかの指針や視点を提示した。これらはいずれも，市場ソリューションを想定した際に，今後の事業の構想や商品開発の方向を探るヒントや相互に活動の位置づけを認識する大切な材料となろう。

　自社にとって，今後の必要な事業化への道筋，また，他社との差別化を見極めた価値ある商品開発を実践する事業軸の路線を策定するために，市場ソリューションと絡めて事業領域の抜本的な現状分析が重要となる。こうした必須の作業を踏まえてこそ，優れた企業として事業の独創性を発揮して，収益性の向上を図ることが可能となり，企業にとっての必要な事業価値や企業価値の

高揚を実現していくことになろう。

戦略的な研究開発のための技術開発マネジメント

　今日まで，企業が研究所組織を持つようになって以来，多くの研究開発（基礎研究，技術開発およびそれに続く応用研究）マネジメントに関する試みや活動がなされてきている。例えば，研究開発部門の組織改革，オペレーション改革，人的資源の適材配置，技術開発マネジメント等々，多様な議論が検討されてきている。それらの詳細については他の研究分野の成果に委ねることとし，ここでは，モノづくりとの関係で技術開発に関する論点を整理する。

　新しい技術を開発し，開発された技術をいち早く事業化に結束し，市場競争を優位に展開するために，技術マネジメント（MOT：Management of Technology）が重要となるが，経営学の中で，製造業の経営に焦点を置いた分野が技術マネジメント（技術経営）の領域である。近年は，技術開発の速度が著しいため，既存技術の陳腐化も早まっているのが実情である。また，開発された技術そのものの利用範囲も広がり，企業にとっては，開発した技術をどのように経営戦略に活用するのかは重要な意思決定であり課題となる。

　一般に，技術マネジメントには，1．自社における技術開発のあり方を効果的にマネジメントする側面（R＆D部門のマネジメント）と，2．開発した基礎技術を次世代事業の展開に組み込む経営戦略としてのマネジメントの2つの側面があり，実際の企業経営では，この2つの技術マネジメントが効果的に結束する戦略が重要であるといわれる。さらに，今後の技術開発を想定すると，自社に関わる研究開発の側面だけではない。技術開発が，従来のような社内事業部門における開発体制によるものだけでなく，外部の企業との新たな提携や連携により新規事業を立ち上げる際にも活発に実行される。例えば，最近のエレクトロニクス分野で期待される大型の技術開発など，到底，一企業が持ちうる技術資源で研究開発が対応できる，あるいは完結する技術領域ではない。つまり，新たな技術連携が創出する新規事業や既存事業の発展性から派生する事業化をも想定した技術開発の側面も視野に入れておかねばならない。モノづくりの現場において，技術を基軸にして多様な企業の連携事業が誕生することも十分に予想される。

さて，ここで少し視点を変えて，モノづくりの現場の技術開発による身近な商品開発を見てみよう。これまで，自動車や家電製品など機械系商品に代表される商品以外では，あまり，技術の視点を開発の中心におくことは少なかったが実情である。しかし，最近の多くのモノづくりの現場でも，技術の改良や開発を踏まえた多様な商品開発が登場していることに注目することが必要である。例えば，我が国の伝統食品「醤油」のパッケージ技術の開発を見ると，そこには，技術が支えた画期的な商品が存在している。09年に発売されたヤマサ醤油「鮮度の一滴」は，開封後70日間，出来立ての醤油の味が楽しめるという画期的な商品である。従来まで消費者に酸化や風味の劣化はあたり前のように受け止められていた商品の使い方であったが，この商品の場合，新規のパッケージが醤油の酸化や風味の劣化を抑えるという，醤油の使用の概念を変革した商品である。さらに続いて，11年に発売されたキッコーマン食品「いつでも新鮮卓上ボトルシリーズ」は，生醤油の美味しさを開栓後・常温で90日間保つ使いきり密封卓上ボトルだが，消費者にとっては使い勝手の高い卓上調味料の容器革命を果たしたといっても過言ではないだろう。いずれも，新しい商品のパッケージ化技術により，新たな商品価値を実現した一例である。

　如何に，企業における市場ソリューションを見極め，必要な商品開発や事業開発を遂行していくのか，そのために関連する周辺技術にも確実に目配せを行い，関連する技術情報のストックが重要となる。最近の農業事業の分野においても，市場競争力を高め，付加価値の高い農業経営を展開する例があるが，それは，IT革新と農業生産システムの高度化により実現している。例えば，植物工場の野菜が注目されている（しかしながら，目下のところ62％が赤字経営状態といわれている（NHKアンケート調査））。雪や寒さの影響を受けやすい自然栽培の野菜に比べ，工場野菜の価格や品質は安定しており，消費者の支持を集め，卸売市場やスーパーではレタスやトマト等の取り扱いが増して，廃棄ロスも少ないことから，生産工場も徐々に増加してきている（12年3月末で工場数は127（農林水産省調べ））。工場野菜は，コンピューターによる管理や，発光ダイオード（LED）など人工光や太陽光で生育環境を管理し，肥料を溶かした液肥溶液で栽培し，室内で生育するため農薬使用量も抑えられるという。多様な生産技術により，確実に生産イノベーションが進展している例である。

市場の観察，そして新たな企業と消費者との連携

　企業による新商品開発のための市場戦略，ポートフォリオ分析による戦略的な市場の棲み分け等，新商品開発のために，企業は多くの手立てや戦略的手法を採用し，競争力を備えた活動を活発に展開しようとしている。中でも，近年のIT革新により市場情報は厖大化しているが，市場調査あるいは市場観察のための情報探索手法が大きく変化している。従来までは，1．類推法（アナロジー法；開発のためのアイディアを生み出す典型的手法でヒット商品の傾向分析等），2．時系列的分析法（タイム・フロー分析；過去からの時間的推移の中で，将来の商品像を予測する），3．顕在化した不満抽出法（生活上の不便さ不満などを洗い出す手法），4．潜在的な生活不満抽出法（潜在的なニーズを探索する手法），5．高感度の生活者感性による発想法（企業内商品オタク等の感性の高い人の意見を採用する手法）などであったが，多くの場合，優れた市場観察によっても，消費者マインドを的確にあぶりだして確かな商品開発に結びつけることは至難の業である。

　一般に，消費者ニーズは掴みにくく，既に登場した商品の表面的な着せ替えでは，もはや消費者は魅力を感じない。企業が，顧客満足型の商品開発を指向したとしても，潜在的な課題解決型の商品機能を備えた開発まで踏み込んだ商品開発を手がけなければ，現代的な，価値のあるヒット商品にはなかなか結びつかないだろう。例えば，12年4月に発売されたキリンビバレッジの炭酸飲料「キリンメッツコーラ」（特定保健用食品）という新しい魅力を提案した商品を考えてみよう。果たして，どれほどの消費者がコーラ系飲料で，いわゆるトクホを思い描き，商品の誕生を望んだというのだろうか。当時，トクホ飲料はお茶商品を中心に活発に展開していたが，既に，他社による強力ブランド商品が存在したため，後発であるキリンビバレッジは，トクホ飲料市場で，自社のカテゴリーの強みや弱み，市場の競争状況等から，「コーラ系飲料」を選択したという。正に，戦略的視点に立ち，市場の棲み分けである。がしかし，メガブランドが存在するコーラ系飲料領域での開発でもある。独特の味に関する消費者の厳しい見極めと感覚，経験値が存在する商品領域であろう。当該商品は，難消化デキストリン配合により，食事の際の脂肪吸収を抑える効果をうたい，11月には非特定営利活動法人日本人間ドック健診協会の「日本人間ドック健診

図1−3　商品企画のプロセス

■旧来：顕在的なニーズ
　消費者は自分の欲しいものを自覚し，表現できる　＜ニーズ調査でOK
■現在：潜在的なニーズ
　消費者は店頭で見て始めて，自分の欲しいものを自覚　＜深い市場の洞察が必要

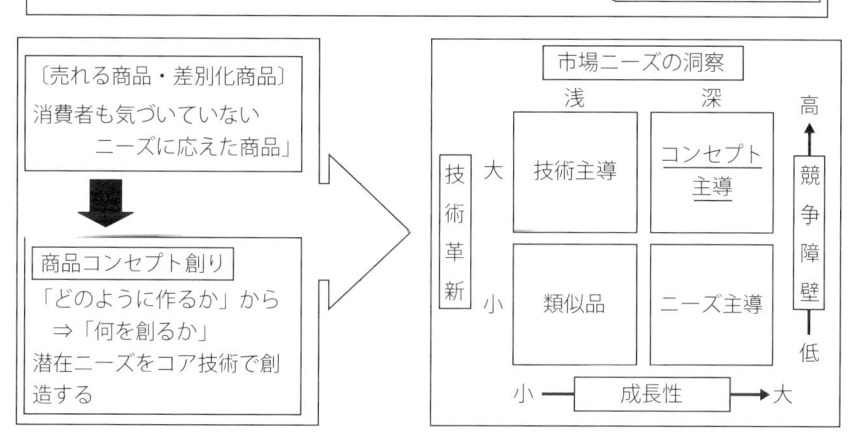

〔売れる商品・差別化商品〕
「消費者も気づいていない
　　　ニーズに応えた商品」
↓
商品コンセプト創り
「どのように作るか」から
　⇒「何を創るか」
潜在ニーズをコア技術で創造する

市場ニーズの洞察
　　　　　浅　　深
技術革新　大　技術主導　コンセプト主導
　　　　　小　類似品　　ニーズ主導
　　　　　小　←成長性→大
競争障壁　高↑低

（出所）織畑基一（2002）：「差別化戦略の本質：いかにして低価格化競争から脱するか」『経営情報研究』多摩大学研究紀要 No.6 より。

協会推薦商品」にも認定された。正に，消費者にトクホコーラという新しい商品カテゴリーを創出した価値ある商品であろう。企業主導により，当初から市場競争優位を想定した戦略的展開を実践し成功した開発事例であるが，こうした展開は，例も少なく難しい。

ここで，潜在的な市場ニーズを想定して商品企画と開発を手がけるプロセスについて，その概要を簡単に，図1−3に示す。要は，深い市場の洞察力を基本として，企画者が消費者も気がついていないような，新しい商品としての発想を持っていること，新たな商品価値を創造する視点があるかどうかということだろう。先のキリンメッツコーラの例は，正に，この条件を見事にクリアした商品開発である。

さて，一方で，消費者情報の活用の仕方も変化している。例えば，SNS（ソーシャルネットワークサービス・消費者交流サイト）を，企業が商品開発の道具として活用している。例えば，2010年，ファミリーマートはSNSを利

用した商品開発でおむすびやカップラーメンなどの限定商品も販売している。また，サッポロビール㈱は，12年8月，SNSを通じてビール好きの消費者のアイディアを募集し，社員との「チャット会」には100名程度の消費者が参加し，消費者の開発メンバー「オフ会」では工場見学もするという。このように，インターネットを活用して，消費者と企業との交流が，従来の販売促進活動だけでなく，商品開発に活用する場面にも確実に広がっている。新たな商品開発の芽を探るために，企業と消費者の関係が変化し，新たな連携が誕生しているのだ。

2-2　新たな事業革新への挑戦

事業のリニューアル―生産体制のイノベーション，商品の潜在力を発見する―

　既存の事業展開では，消費の場面は変化もなく，市場全体が伸び悩んでいる，あるいは，市場の行き過ぎた細分化が進み，話題となる商品も登場せず市場が停滞しているというような，いわゆる閉塞感の強い市場は，今日，多く存在している。このような市場が動かない，停滞し減衰している実態を観察しなければならない。そこには，恐らく特有のビジネス環境があり，背景に潜む理由も恐らくまちまちであろう。ここでは，そうした事業や商品開発の中で，これまでとは異なる新たな事業化を図りビジネスモデルを提示している事業，あるいは，打開策としての新しい商品開発の秘策を提示する商品提供の活動を考えてみることとする。

　尚，紙面の都合で，既存の事業展開の弊害を乗り越え，市場の不足を発見し，新たな事業革新に関する考察は，後述の3のケーススタディで扱うこととする。ここでは身近な商品での意外な秘策を考案した例を見てみよう。

　豆腐商品の市場である。豆腐の市場規模は販売量ベースで1,053,500トン（2003年）→1,072,000トン（2013年予測），販売金額で191,900（百万円）（2003年）→180,900（百万円）と，数量ベースよりも金額ベースの落ち込みが強い（「食品マーケティング便覧」（2012年）より）。これは，2008年以降に低価格のPB商品の台頭によるNB商品の特売等が恒常化したことが背景にある。しかしながら，いわゆるお豆腐屋さんという事業展開は次第に廃れ，町のお豆腐屋さんは半減した。消費者の買い物行動の変化に伴い，大方の食品の購入先は大

型スーパーである。その分，スーパー店頭での豆腐商品の展開が熾烈となっている訳だが，老舗ブランド豆腐，作り方にこだわり名水仕立てという名の商品，2個パックパッケージで利便性を訴求する商品など多種類の商品が並んでいる。各社の商品開発も必至であるが，中でも，業界でシェア6.6％（2012年）を占めるトップメーカー相模屋食料㈱の躍進ぶりには目ざましいものがある。10年には，業界初の3個パックの木綿商品「なめらか木綿3個パック」を発売し，その他オリジナル商品を順調に商品化している。同社の創業は1951年であるが，町の豆腐屋として「誰でもできるシステムで豆腐を作りたい」という江原寛一会長の想いの下，05年に全国最大規模を誇る第三工場を竣工し，大量生産体制を確立した。ロボットを導入した，生産体制のイノベーションを達成した。更に，12年3月には，「おとうふをおもしろくする！」というコンセプトで開発した「ザクとうふ」と「鍋用！ズゴックとうふ」は，人気アニメ「機動戦士ガンダム」に登場するモビルスーツ（人型兵器）の頭部を模した豆腐は，いわば業界初の伝統食材と人気アニメの"合体"，コラボレート商品である。「ザクとうふ」はアニメーションのジオン公国軍のモビルスーツ「ザク」の頭部を細部にこだわり再現した容器に，機体に近い薄緑色で塩味のきいた枝豆風味の豆腐を充填した商品で，販売から10月2日に休売するまで約半年間でおよそ150万個機（個）を販売した（12月1日から販売再開）。当初の購買層はガンダムファンが中心であったが，現在は，「夫や父親が喜ぶ顔が見たい」と主婦が購入する。子供は，「食後に空き容器で遊ぶ」という具合である。豆腐商品で，このような話題をさらい，途中，企業の生産が追い付かず休売となった商品はないだろう。消費者に驚きと感動を与えた商品であり，正に，意外性の発想から（鳥越淳司社長はガンダムファンという），容器と話題性，味で，豆腐の新たな魅力を主張し訴求した画期的な商品といえよう。

コラボレーション（協業化）の新たなステージ，事業化への発想

　消費者ニーズが多様化し，企業は，目下，消費者にはっきりと認識される差別化された商品開発を実践するには，多くの課題に直面している。自社の資源で対応するが，一方で，自らの限界を見定め，他社との協調路線も有効な戦略と認識し，新たな商品開発において多くの共同開発（Cooperative Development）が進行している．一般に，戦略的アライアンスとは，戦略的提携，戦略的同盟を指すが，商品開発において，情報の共有化を初め，複数企業間での互いのアイディアや資源を分かち合いながら，新商品開発を行うのが「共同開発」であり，このような企業による協業化をコラボレーションという．

さて，共同開発には，1．垂直的共同開発，2．水平的共同開発があり，前者の代表的な事例として日清食品（製造メーカ）とセブン-イレブン・ジャパン（小売業）が手がけるカップ麺がある．当初からさらにバージョンアップして，今日，セブンプレミアム（PB商品）として共同開発路線が継続的に行われている．製造メーカの独自の製造技術と販売チャネルの活用で効果的な商品開発を図る戦略である．また，後者は，さらに同業種の共同開発と異業種の共同開発があり，多様な展開が行われている．いわば，従来までの自己完結型の企業活動から協働系の企業の組織活動，コラボレーションへの展開をしている事例といえる．

例えば，コラボレーションの例では，異業態異業種の展開例としてコラボレーションの「安眠ルーム」（健康をはかる計測機器のタニタ，ホテル業の藤田観光，ヒーリング音楽を手掛けるデラ，香りのソリューションを提供するエアアロマジャパンの4社による）が12年5月にホテルグレイスリー銀座で展開（現在休止），また，08年大和ハウス工業とベネッセコーポレーションで子育て層向け住宅プランの展開），同業態異業種の展開例では12年9月に開始した「ビックロ」の店舗展開（カジュアル衣料店のユニクロと家電量販店のビックカメラ），異業態同業種では13年2月にファミリーマートとカルビーのスナック菓子（ポテトチップス）の展開，そして同業態同業種では，モスバーガーサービスとミスタードーナツの共同店舗・MOSDO（モスド）の展開など，これまでも多くの協働系の展開が登場している．業態と業種により，先に示したような多くの組み合わせがあるものの，それぞれの組み合わせの難易度も考えなければならない．これらのコラボレーションの戦略性とは，既存のブランドに新鮮味を加えるメンテナンス効果，あるいは商品の斬新さなどがその狙いといえるだろう．

そして，先に挙げた，セブン-イレブン・ジャパンの新たな事業軸といえるセブンミール事業（惣菜事業）は，多くの食品製造メーカとのコラボレーショ

ンがなければ実現できない事業展開である。つまり，互いの企業が，R＆D（研究開発）の質を高め，必要なコストやリスクを削減し，自社の強みである技術と他社の強みの技術，システムを結び繋ぎ，しかも商品開発が短期間で実現可能となる等の多くの利点があるのだ。それ故に，新市場への参入を効果的に推進していくことが可能となるのだろう。

協業化という新たな事業展開によって創造する事業価値と企業価値，商品開発の可能性を考察する意義は高いといえる。

3　ケーススタディ：市場のソリューションを捉えた新たな花ビジネス
―㈱パークコーポレーション「青山フラワーマーケット」の展開―

市場において，独自性のある優れた競争戦略を実践し，高い収益性を実現する企業の事業展開について考察するが，そうした新規事業は数多く存在している。ここでは，生活スタイルを大きく変化させた商品・サービスの開発に着目し，それがどのような事業構想の中から実現されたのか，既存の事業とは根本的に何が異なるのか，新規事業の新たな挑戦とは一体何かに焦点を当てて，そのために，如何に，事業構想力が重要であるのかを改めて考えることとしたい。

以下では，㈱パークコーポレーション「青山フラワーマーケット」の事業展開を中心に考察する。ケース選択の理由は，今日，花卉事業領域が停滞し，伸び悩んでいると推察される事業でありながら，当該事業で新たな事業価値と商品価値を効果的に発現している事例であるからである。

3-1　従来までの花卉事業の実情―生花小売業の現状―

従来までの花卉事業はどのような状況であるのか。従来の花屋の特徴をいくつか整理すると，主として法人ユーザーに対するビジネスを中心としていたといえる。また，通常，街の生花小売店は，一般顧客向けに限られた品種を中心とした花の品揃えを行い，1本いくらという切花単品の販売を中心に展開してきている。例えば，品揃えは，菊，ユリ，バラ，カーネーション，胡蝶蘭，トルコキキョウの品種が多く，これらで卸売市場の6割以上（金額ベース）を構成しているのが実情である。最も分かりやすいのが，花卉市場の需要の中心は，

胡蝶蘭に代表されるギフトや葬儀などの法人需要であり，個人需要は中心ではなかったということが，従来型のいわゆる"お花屋さん"の実態を表しているだろう。唯一，母の日のシンボリックな花としてカーネーションが突出している位である。

花卉の小売市場は，花卉小売店，造園・緑化業，ホームセンター等の各業態で展開している。2009年度の花卉小売市場の構成比を図1－4に，また，花卉小売業の上位10社の各社のシェア状況を図1－5に，それぞれ示す。

農林水産省の資料（2009年）によれば，1997年時点での国内花卉需要は6,800億円であったが，2009年には，5,400億円と約2割減の状況である。こうした減少傾向の下で生花店は，現在，厳しい競争に晒されており閉店に追い込まれる店も少なくないのが実情である。

さらに，花卉小売店のターゲットは法人顧客と個人顧客であるが，矢野経済研究所の「フラワー＆グリーン市場に関する調査結果2010」（2010年7月）によれば，2009年の花卉小売市場は，前年比98.6％の1兆693億円で，金額ベースで規模の縮小が続き，主に花卉小売業店が取り扱うギフト需要およびホテル向けの婚礼宴会などの装花市場の厳しさに加え，官公庁の予算縮小や民間のコストダウンなどの影響で法人向け造園緑化市場の縮小がとどまらないと，指摘している。特に，贈答市場の低調さ，ホテル側からの低価格への要求など，数量面というよりも価格面での下落傾向の側面が大きいという。

また，農林水産省の「花き産業振興方針（平成22年）」の調査によれば，年に一度も切花を購入しない世帯がおよそ6割もあり，その理由として「手入れ，世話が大変」，「手入れのやり方が分からない」等の花に関する理由，「価格が高い」，「経済的に余裕がない」などの金銭面の理由，その他は，「花を買う習慣がない」，「花に関心がない」など，そもそも花自体に関心が低い傾向も窺える。以上の状況を考えると，当該事業の領域は，従来型の事業の展開ではかなり厳しい実情と競争状況であるといえよう。ここで，従来の生花小売業の課題を整理しておこう。

1　既存の生花小売店は，法人向けと一般消費者向けのターゲットを想定して展開しているが，多くはギフト需要に依存している。

顧客は明確な購買目的と意識を持って店に入るため，店舗側にとっては，

1章　新たな価値を創造する商品開発と事業構想力　15

図1−4　花卉の小売市場構成比（2009年）

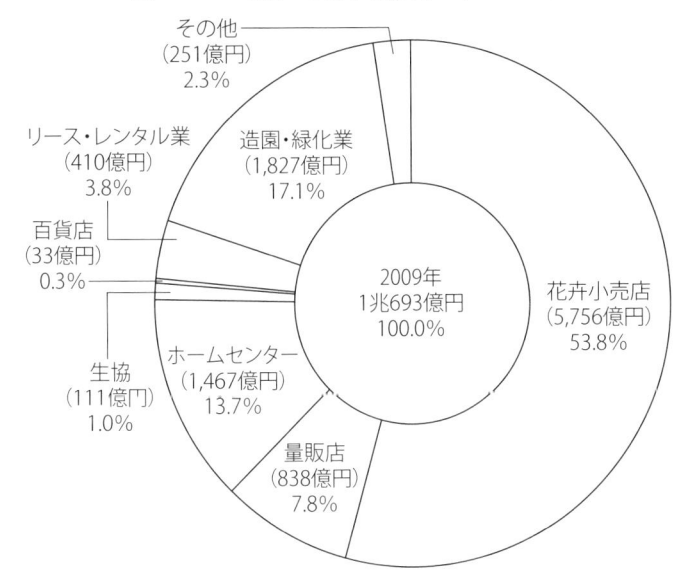

- その他（251億円）2.3%
- 造園・緑化業（1,827億円）17.1%
- リース・レンタル業（410億円）3.8%
- 百貨店（33億円）0.3%
- 生協（111億円）1.0%
- ホームセンター（1,467億円）13.7%
- 量販店（838億円）7.8%
- 花卉小売店（5,756億円）53.8%
- 2009年　1兆693億円　100.0%

（出所）矢野経済研究所『フラワー＆グリーン市場に関する調査結果2010』より作成。

図1−5　花卉小売店のシェア（2009年）

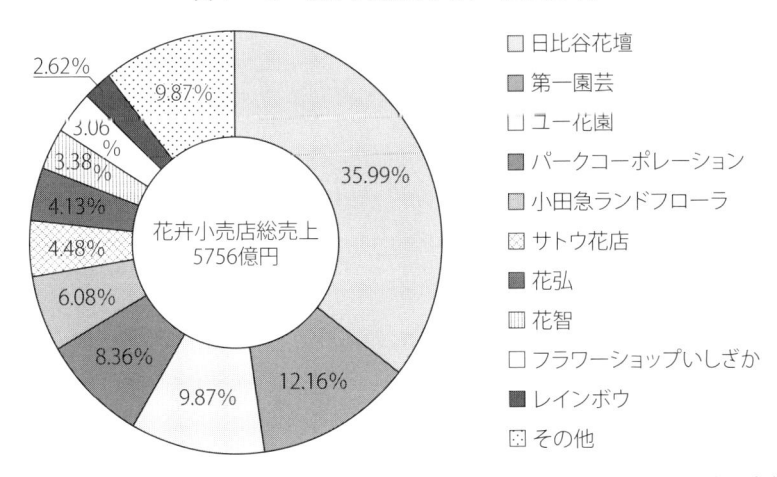

花卉小売店総売上 5756億円

- 日比谷花壇　35.99%
- 第一園芸　12.16%
- ユー花園　9.87%
- パークコーポレーション　8.36%
- 小田急ランドフローラ　6.08%
- サトウ花店　4.48%
- 花弘　4.13%
- 花智　3.38%
- フラワーショップいしざか　3.06%
- レインボウ　2.62%
- その他　9.87%

（出所）矢野経済研究所『フラワー＆グリーン市場に関する調査結果2010』に基づき作成。

サービスを含めた販売努力よりも，花を保管する場，ブーケを作る作業場となり，品揃えも，新奇な色の花や大輪の豪華な花という高額な花，ギフトに向く売りやすい花を優先するという傾向に陥り，店舗間の差異が見出しにくくなる。また，花は，野菜や果物のように季節によって相場が変動し，春や夏の時期は供給が過多となり，相場は下がる。一方，供給が減少する冬期には，相場が上がるというように，夏と冬の価格変動が大きく，店舗側は，ギフトとしての信頼性や花の価格安定を考えて価格設定をすることになる。しかし，このような価格設定と顧客の購買能力との間には，当然のことだが，ギャップが存在する。つまり，売り場に立った消費者にとって，感動も少なく消費価値は低く，商品の品揃え力も似たり寄ったりとなり，競争が低次元で同質化してしまう状況となる。

2　生花小売店の商品・サービスには，特色のある差異が感じられない。

ギフト用のブーケが生花小売店で見られるが，商品のコンセプトや季節感より，陳列商品の美しさをアピールする傾向が強かった。また，多くの店が品種改良の花を優先して取り扱い，例えば，切花にも産地や生産者名を表示する傾向がある。一部の商品に品質保証付きアレンジメントを限定販売して，10日以内に花が枯れた場合には，新品を届けるサービスも付加しているという。これらのサービスや情報提示は，消費者の花を活かす生活感覚とは，大きく異なる，いわば，花の品質の過剰競争に走る傾向にもなる。

3　サービスや技術が平準化している。

消費者が花を買う時は，花の品揃えや鮮度を重視する。一般に，花の鮮度を維持する技術は，冷蔵庫や保冷ケースに入れるのが普通だが，店舗での冷蔵庫や保冷ケースに依存するばかり，購買後の花の鮮度については，あまり考えられていなかったのではないだろうか。

以上，生花小売店の実情からは，今日の消費者ニーズとはかけ離れている傾向が窺え，花卉市場の停滞化は残念ながら深まるばかりではないだろうかと指摘する。

3-2 ㈱パークコーポレーション「青山フラワーマーケット」の事業構想力―ビジネス展開の経緯と躍進―

　青山フラワーマーケットは，㈱パークコーポレーションが運営するフラワーショップである。初めに，事業展開の経緯について簡単に整理する。

　表1－1に示したとおり，青山フラワーマーケットは，1993年に東京・南青山の本社に隣接するビル（地下一階）に1号店を出店し，現在，店舗数を増やし，北海道，関東，近畿，九州に約79店舗を展開している（2012年現在）。特に，集中出店している都内23区には，生花店のブランド店舗として認知されるに至っている。

　先にも指摘したとおり市場が縮小し生花小売業の不況の中にもかかわらず，青山フラワーマーケットは急成長を達成している。2000年で14店舗，10年で約79店舗へと，この10年間でおよそ5倍に店舗数を増加し，売上も顕著に伸びている（図1－6）。売上のトップクラスの店舗の中には，1日の販売額が約600万円という店舗もあるという。

新たな花卉事業の構想―特色あるビジネス展開，商品の提供―

　さて，青山フラワーマーケットの展開は，一体，従来の花卉事業と，何がどのように異なり，提供される商品やそのコンセプトはどのような内容なのか。

　創業者の井上英明氏は当初，ニューヨークのセントラルパークで，思い思いに楽しんでいる人の姿をイメージし，公園のような楽しく，幸せな会社を作る思いを暖めていたという。従来型の店舗とは異なり，店舗内には切花の冷蔵庫を置かない，専用のブリキ製の桶に飾り，花をより身近に感じさせる。という具合である。「Living With Flowers Everyday」をコンセプトに，消費者の個人の日常使いというニーズを提案することを掲げ，花の小売業というよりも，花のある時空間サービス業と位置づけて展開している。つまり，消費者に，もっと花のある生活を楽しませることを主張して，続いて，フラワースクール「Hana－Kichi」や温室をコンセプトにしている「TEA HOUSE」そして，空間デザイン事業「Indoor Park」を展開する。

　店舗に並ぶ商品内容を見ても「グラスブーケ」，「ダイニングブーケ」，「エントランスブーケ」，「リビングブーケ」といった多彩なミニブーケを商品化し，

表1-1　パークコーポレーションの事業沿革

時　期	事　業　内　容
1988年	パーティーの企画・運営業務を主たる業務として設立
1993年	青山フラワーマーケット一号店がオープン，現在，中核事業として展開
2003年	フラワースクール「Hana-Kichi」を青山に開設
2010年	「Indoor Park」空間デザインサービス開始
2011年	「温室」をイメージするカフェ「TEA HOUSE」を開設

（出所）青山フラワーマーケットホームページより作成。

図1-6　青山フラワーマーケットの業績推移

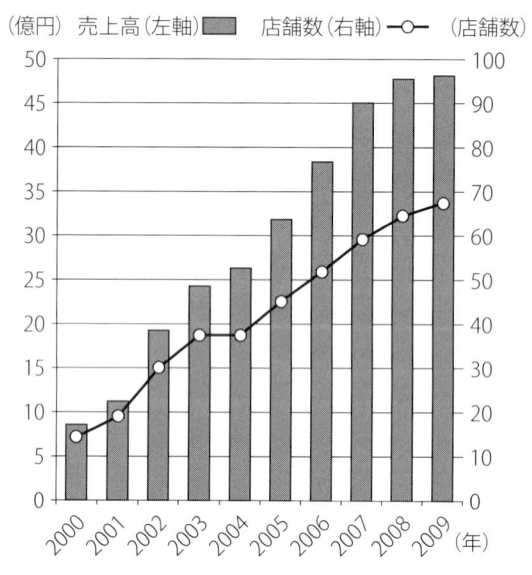

（出所）『PRESIDENT』2010年8月30日「企業の活路」第44回より作成。

オリジナルな商品提案を手がける等，斬新なアイディアで，従来とは大きく異なる新しいお花屋さんのビジネススタイルを確立した。つまり，先にも指摘したように，従来の花屋が法人ユーザーに対応したビジネスが中心で一般顧客向けに似通った花品種の品揃えによる切花単品の販売を中心としてきたのに対し

て，青山フラワーマーケットは，個人ユーザー，プライベートな生活領域へのお花の需要の喚起をしていることが特徴である。

青山フラワーマーケットは生花小売業の事業コンセプトを大きく転換し，個人の花に対する日常ニーズを掘り出した。手頃な価格で，消費者が選んだ花を素早くアレンジし，ブーケを作る。普段の生活に，いつも花のある生活の楽しさという消費者に新しい感動を与え，身近に花のある生活を提案しているのだ。

㈱パークコーポレーションの事業展開は，花卉市場が停滞している中，単に花の販売ではなく，新しい花の購入の仕方を提案するビジネス事例といえる。商品に情報，アイディア，サービスを加え，新しい機能・性能価値を実現することで，脱コモディティ化を図っていると理解する。つまり，商品の経験価値を高めることで，脱コモディティ化を図る戦略と読み取れる。目下，縮小傾向にある生花小売業の市場において，青山フラワーマーケットの独特な事業展開は，脱コモディティ化のための活性策とも位置づけられると指摘できよう。

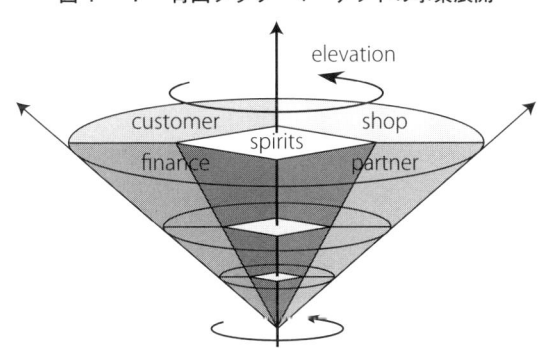

青山フラワーマーケットの事業展開は，Spirits，Partner，Shop，Customer，Finance という5つの資産による経営であると，事業価値の構成を説明している（図1－7並びに表1－2）。

現在，㈱パークコーポレーションは，「毎日花のある生活」のコンセプトに基づき，中核事業は，フラワーショップ，さらに周辺に，生花スクール，空間デザインサービス，カフェの事業を展開しているが，事業を相互に強化し，高

図1－7　青山フラワーマーケットの事業展開

（出所）青山フラワーマーケットホームページより作成。

表1－2　青山フラワーマーケット事業が提示する5つの資産

5つの資産	内　容
Spirits	創業の想い，行動の規範，基本的価値観，基本理念，組織構想など，事業のすべての基点や軸である
Partner	会社の価値観や理念に共鳴して集まる人々，会社のスタッフだけではなく，育種家，生産者そして市場関係者など
Shop	青山フラワーマーケットの店舗
Customer	顧客
Finance	会社の売上。スタッフたちが，日報に掲載する原価，人件費などをチェックし，売上から顧客の満足度を読む

（出所）青山フラワーマーケットホームページより作成。

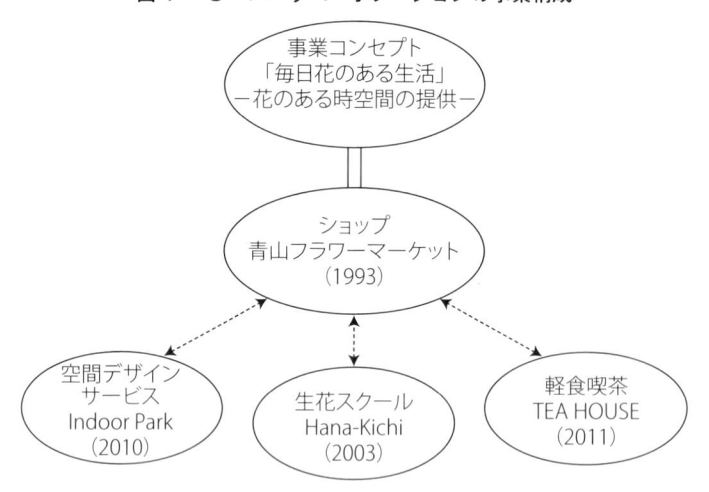

図1－8　パークコーポレーションの事業構成

```
          事業コンセプト
         「毎日花のある生活」
         －花のある時空間の提供－
                │
            ショップ
         青山フラワーマーケット
            (1993)
        ↗        ↑        ↖
   空間デザイン   生花スクール    軽食喫茶
    サービス    Hana-Kichi    TEA HOUSE
   Indoor Park   (2003)      (2011)
    (2010)
```

（出所）㈱パークコーポレーションの事業展開より作成。

度化して09年12月の時点で，総売上高を約48億円（2009年12月）まで伸ばしている（図1－8）。

青山フラワーマーケットの事業革新のための戦略性

(1) 事業における一貫した価値観

　青山フラワーマーケットの事業における基本的な価値観は，「チャレンジし続ける，成長し続ける，顧客に貢献し続ける」である。青山フラワーマーケッ

トのスタッフはこの価値観を共有し，来店した顧客を如何に喜ばせるか，それにより社員一人ひとりがどう成長するか，その成果を顧客に貢献することを目指す。例えば，年の初めに，店長は年間プラン事業を，商品構成，仕入計画，ディスプレイ，シフト組み，売上目標などから作る。前年と比べ，多くの改善点を出し合いスタッフ全員で今年の課題を決める。この課題を解決するために，ただ「サービスを良くしたい」，「知識面を向上させたい」ではなく，必ず具体的な数字も入れ，「顔と名前の一致する顧客を100名作る」，「バラを100品種，チューリップを100品種，を覚える」など，課題の具体的目標を掲げる。細かく目標を設定することで，実現しやすい状況を作るという考え方である。こうしたプロセスを通して，スタッフが顧客に提供するサービスをより高いレベルに磨き，より良いサービスを提供することを目指す。商品の企画力も高まり，一層の顧客満足の向上につながる。

(2) 斬新な事業コンセプトと個人顧客がターゲット

青山フラワーマーケットの事業コンセプトは，「Living With Flowers Everyday」という毎日お花のある生活である。ギフト需要が中心の従来の生花ビジネスを打破し，商品を自分のために飾る，用途別に自分らしい生活のありようを提案する，「ライフスタイルブーケ」のコンセプトを明示している。井上氏は，より多くの人に花のある生活をしてもらうために，商品を適正価格に設定し，ターゲットは一般の個人に焦点を当て，一人ひとりの生活シーンや室内の空間に合う商品を提供することが基本である，という。

(3) 商品提供の仕方

青山フラワーマーケットの店舗には，一般の花屋のガラス張りの冷蔵庫がない。すべての切花を専用のブリキ製の桶に飾る。顧客は花の香りを楽しみ，実際に花を手にして，見て，触れて，選ぶ楽しみを感じ，その風合いも確かめる。販売の仕方も従来の店舗とは異なり，顧客満足を向上させるために，店頭で一本一本の切花だけではなく，プロの視点でデザイン的な提案を施し，アレンジしたブーケの販売も重視する。さらに，消費者の個々の生活シーンやニーズを聞きながらアドバイスをし，選んだ花を現場で素早くアレンジする。スタッフはリアルタイムに，その場で，商品を企画し，より付加価値の高い商品を提供する能力を磨き，対応する。

(4) 出店戦略

　青山フラワーマーケットは，現在，全国79店舗を展開するが，出店エリアには選択基準がある。それは，身近に花や緑に囲まれている地域や人口が少ないエリアを避ける。最低でも同地域内に5店舗は出店可能なエリアを選択する。その上で，資源を効率よく配分することを考え，目下，札幌，東京近郊，大阪近郊，福岡，名古屋の5つのエリアに限定している。また，日常的に飾る花であるため，購入のしやすさは重要で，駅の中，駅前，百貨店の食品フロアなど交通量の多い場所を中心に展開する。改札から3分以内で，通行量の多い場所などに限られる。また，ビルの中のファッションフロアではなく，カフェや生鮮食品，生活雑貨などを扱う店に隣接する等，ユニークな視点を採用している。これにより，顧客が購入しやすいだけではなく，より多くの人に青山フラワーマーケットのブランドを認知させることを狙う。デパートの地下で実践されるような試食効果と同様で，こうした場所で，消費者に花や緑に囲まれた生活を気軽に体験させることで購買欲を刺激することを目指す策である。

(5) 仕入れシステムと価格設定

　青山フラワーマーケットは，チェーン店業態であるが，各店舗に品揃える商品アイテムは同じではない。その理由は，各エリアの顧客ニーズが違うため，立地に合せて，より顧客ニーズを満足させるように，店舗の販売履歴に基づき，本社ではなく，各店舗（現場）で発注するシステムを導入している。しかし，店舗の発注は完全に自由ではなく，青山フラワーマーケットのブランドの下で店舗展開するため，商品としての統一感を維持することは重視する。各店舗は，本社から推薦された品種の中であれば，自由に選択できる。もし店舗側スタッフが優れた品種を見つけたら，本社で仕入を検討することも可能である。それらにより，商品はより魅力的に洗練され，顧客が求める良い品質の商品提供を実現しようとしている。顧客層に合った的確な仕入，適正な価格で，花の購入回転を高め，廃棄率を低下させる。他店での廃棄率が10％を超えているのに対して，青山フラワーマーケットでは3％に抑えているという。そのため，営業利益率は業界平均よりも高い利益率を維持しているという。常に，旬の花の種類を仕入れていることも安い価格を提供できる要因であり，事業における好循環を生むことになろう。

「店舗での人気のある花を高めに値付けしたい」というスタッフからの声もある。しかし，本部では，「世界的に見ると，日本の花は高価で，顧客に安く売れば，花は生活に絶やさないという文化になるかもしれない」という方針の下で指導しているという。まさに，花の文化を創ろうとしている企業の姿勢と窺える。

(6) 花の鮮度管理

従来の保冷のために冷蔵庫に入れて日持ちをさせることは，逆に，店でのストック時間が長くなるということで，顧客の自宅では持ちが悪くなり，これは，顧客ニーズとは反することになる。青山フラワーマーケットでは，店舗では冷蔵庫を一切使わず鮮度の高い花を早く販売する。こうすることで顧客の自宅で花も長く持ち，当然，顧客満足度も高くなるだろう。

さらに，花の鮮度感を分かるように，店舗内の雰囲気作りも欠かせない。店内の照明や黒板などの清潔にも気を配り，明るい空間を表現する。水の下がった花や花粉が花びらについた花，折れた枝などは花の鮮度を下げる。スタッフは細心の注意を払い，花だけではなく，花をよりフレッシュに保つよう，水のチェックにも注意する。

(7) 事業の多角化展開

消費者に身近な花のある生活を提案する青山フラワーマーケットは，花の販売と同時に，花に関わる他の事業も展開する。例えば，花をもっと知りたい消費者のために，初心者あるいはプロでも参加できるフラワースクール「Hana－Kichi」を展開する。また，11年9月17日に，温室をイメージするカフェ「Aoyama Flower Market TEA HOUSE」をオープンした。半円型の空間に，観葉植物の「アイビー」を垂らし，グリーンに囲まれる空間を演出する。ガラスのテーブルの下にもグリーンを置き，みずみずしさを感じさせる。店内には常に水が流れ，水の音も楽しめる。提供する飲料は積み立てのハーブを使った「フレッシュハーブティー」で，自然の中にいる感覚を演出する。これらの事業は消費者の花に対する興味を高める一方で，花のアレンジメント商品以外に，花のある生活空間と関連するサービスを提供する事業展開であり，将来へ向けた事業の多角化と理解される。

4　おわりに

　市場ソリューションを捉える事業の構想力は，明らかに市場の停滞を脱する力を与える。また，そこから誕生する商品は，新たな商品コンセプトに基づいて作られる故に，価値ある商品としての魅力を発揮する。時には，従来の発想を超えた，意外性を突く秘策で開発される商品も登場するだろう。一方，既存の商品や事業の不足を丁寧に洗い出し，自社の資源，技術や情報，システムを効果的に活用し，革新のための新機軸を探ることも有効であろう。但し，これらは，新規事業を立ち上げる，あるいは新商品開発を実現する際の一例でしかない。要は，新規事業の構想力や新商品開発のための多様なアプローチを導き出すことが重要である。

　さらに，近年の厳しい市場競争環境を理解すれば，自己完結型の自社独自で事業化するのか，活動のための組織をどう構築するのか，また商品開発をどのように実行するのか。あるいは関連する他社企業や時には消費者と連携して，事業化や開発に取り組むのか等々。実に，多くの経営判断が必要であり，多様な選択肢が存在している。

　今，企業において，こうした一連の方向性を構想する企業運営のための本質的な醸成作業が極めて重要であると考える。どのような醸成作業の段階を経るのか。そこでは，市場競争を優位に展開するための自社の技術開発マネジメントのあり方を再検討することも必要となる。新たな事業価値の創出，商品価値の創造に挑戦する多様なビジネスモデルを多くの事例を通して，考察していきたい。

　尚，本章の3節は，専修大学大学院商学研究科王煜の修士論文『市場活性化を促す脱コモディティ戦略への一試論』（2012年）で議論した青山フラワーマーケットの事例研究を修正・加筆したものであることをお断りしておきたい。

（見目洋子）

参考文献

青木矢一・楠木建（2008）「システム再定義としてのイノベーション」『一橋ビジネスレビュー』56(4)，pp.58-77
浅羽茂・牛島辰男（2010）『経営戦略をつかむ』有斐閣
池尾恭一・青木幸弘・南知恵子・井上哲浩（2010）『マーケティング』有斐閣
石井淳蔵（2010）「市場で創発する価値のマネジメント」『一橋ビジネスレビュー』57(4)，pp.20-32
伊丹敬之・西野和美（2004）『ケースブック　経営戦略の理論』日本経済新聞社
片岡寛・見目洋子・山本恭裕（2005）「新しい価値創造のためのマーケティング」『21世紀の商品市場　市場性と社会性の調和』白桃書房，pp.161-179
榊原清則・香山晋（2006）『イノベーションと競争優位コモディティ化するデジタル機器』NTT社
延岡健太郎（2010）「価値づくりの技術経営　意味的価値の重要性」『一橋ビジネスレビュー』57(4)，pp.6-19
藤末健三（2005）『技術経営論』生産性出版
吉田孟史（2005）「ソフトイノベーションとしての経験革新」『組織科学』Vol.39 No.2，pp.4-14
Christensen, C. M. (1997), *The Innovator's Dilemma*, Harvard Business School Press.（玉田俊平太監・伊豆原弓訳『イノベーションのジレンマ』翔泳社，2001）
Christensen, C. M. and M. E. Raynor (2003), *The Innovator's Solution*, Harvard Business School Press.（玉田俊平太監・櫻井祐子訳『イノベーションへの解』翔泳社，2003）
「花き産業振興方針」（2010年4月），農林水産省
『フラワー＆グリーン市場に関する調査結果』（2008・2010），矢野経済研究所
『PRESIDENT』（2010年8月30日），pp.130-135

2章 イノベーションと商品開発
技術・市場と社会性の視点から商品開発を考える

1　はじめに

　今日，市場に登場している商品・サービスは，様々な技術が組み合わされている。革新的な技術によって今までになかった新機能を持つ新商品が登場することもあれば，既存の技術の漸進的な改善や組み合わせによって，消費者ニーズを的確に捉え飛躍的に市場を獲得する商品も見られる。

　既存の商品が新たな技術によって代替した事例としては，銀塩フィルムカメラからデジタルカメラ，ブラウン管TVから液晶TV，固定電話から携帯電話さらにスマートフォンへ等が挙げられる。

　技術の改良・革新およびそれに伴う新たな商品・サービスの出現は，消費生活を大きく変えて社会，文化をも変革していく。例えば，携帯電話の普及は，人と人とのコミュニケーションに大きな影響を与え，家族や友達のあり方にも変革をもたらしている。技術が商品として市場化され社会が変革されることがイノベーションである。

　イノベーションは経済成長や発展にとって中心的な役割を演じてきている[1]。また，イノベーションに対応できない企業は市場に生き残ることは困難である。企業間の競争優位の獲得において技術はきわめて重要な要素であり，有効なイノベーションを成し遂げた企業が市場を獲得することになる。イノベーションは社会のエンジンとして，経済発展に必須なものと考えられる。

　一方で，イノベーションの負の側面も考える必要がある。革新的な技術に

よって生み出された商品は，社会に急速に普及・浸透しているが，必ずしも社会全体から見た十分な評価や検討がなされたものではないことも多い。21世紀のエネルギー問題・環境問題や情報通信技術による社会問題は，新たな技術によって生み出された商品・サービスと社会や自然との調和が保たれなかった結果とも考えられる。イノベーションについて考察するとき，技術および市場の側面から語られることが多いが，商品の普及によって大きな社会変化があるとすれば，イノベーションの評価の軸を社会の変化の側面から捉え直すことも必要である。社会性を持ったイノベーションこそが，21世紀において企業が競争優位を獲得できる手段なのではないだろうか。

　本章では，技術の側面，市場の側面から商品開発とイノベーションの関係を事例に基づいて議論する。その上で，社会性の側面からもイノベーションの考え方を整理して，社会との調和を図った商品開発と市場創造のあり方を考える。

2　イノベーション研究から得られる商品開発の視点

　イノベーションは経済活動も含めた新たな社会変化をもたらす革新のことである。イノベーションのきっかけは技術が優先する場合と，市場が優先する場合とがある。ともかく技術と市場とがうまくかみ合って相互刺激し合いながら何らかの革新性のある新製品・新サービスが生み出され，それが実際に市場で大規模に受容され経済的成果を実現し，人々の生活を変えるところまで結実してイノベーションと言えるのである。

　伊丹[2]は，イノベーションを1) 筋のいい技術を育てる，2) 市場への出口を作る，3) 社会を動かすの3段階プロセスからなると捉えているが，これら3つの段階が上手く積み重なって人々に感動を与えられる真のイノベーションが生まれてくるのである。

　ここでは，技術が商品開発・市場創造とどのように関わるのかを明らかにし，どのような社会変化を成し遂げるのかをイノベーションの視点から事例とともに分析していきたい。

　イノベーションに関する研究は様々なものがあるが，技術的，市場的側面からそのダイナミクスを探り，組織やマネジメントのあり方を分析するものが多

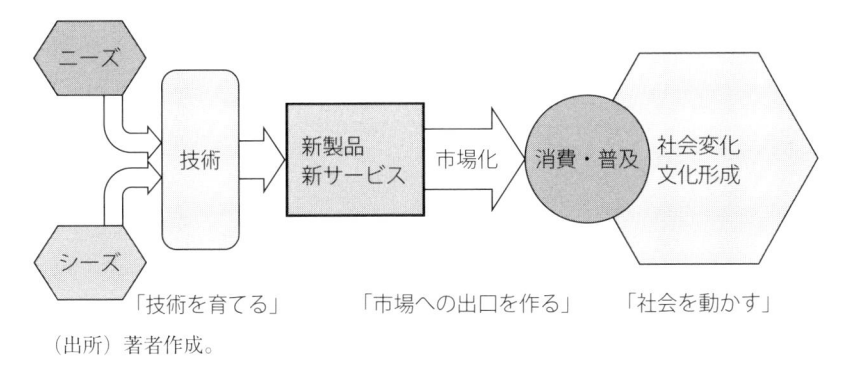

図表2−1　イノベーション成立の概念図

（出所）著者作成。

い[3]。次項以降では、これまで議論されてきたイノベーションの概要を整理してみよう。

2−1　生産性のジレンマ─製品技術と工程技術によるイノベーションの分析─

　産業の歴史的な変遷を見てみると、産業の発展・移行において製品技術や工程技術が大きく関わっていることがわかる。新しく生まれた産業は、技術的に流動的な流動期（fluid stage）から、技術が特定化された移行期（transition stage）、さらに技術が固定した固定期（specific stage）へと成熟過程をとる。

　「流動期」では、製品のコンセプトが固定していないため、基本的製品技術が不確定である。この時期には技術開発の努力は、試行錯誤で新規性の高い製品を市場に出す「製品イノベーション（product innovation）」に向けられる。その後、企業と市場相互での製品に関する経験や相互理解の蓄積が行われ、製品のコンセプトが次第に確定し「支配的なデザイン（dominant design）」が決定される。自動車産業の歴史を見ると当初は蒸気機関、電気モーターなど様々な動力源を持つ自動車が生まれてきたが、内燃機関としてのガソリンエンジンが支配的なデザインとなり発展してきた。

　製品として持つべき主たる機能とそのための主要な要素技術が明らかになると、製品についての基本的技術が産業全体で確定され、標準的製品が市場に広く普及してくる。この段階では、製品イノベーションは定められた機能を向上させることに専念する。また、増加する需要に対応できる生産工程の効率化が

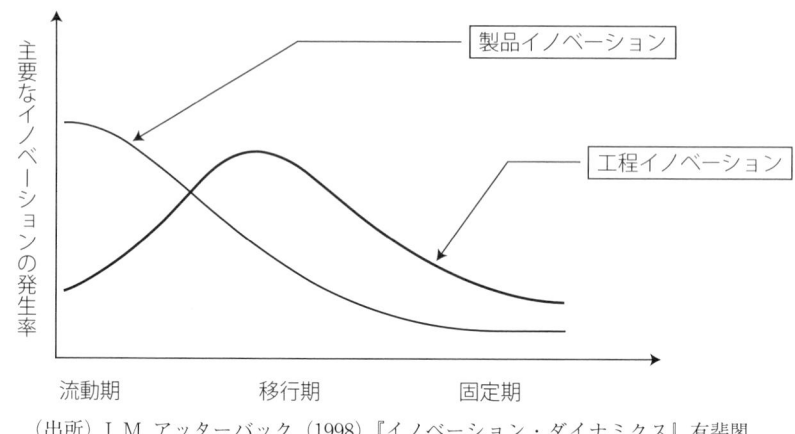

図表2-2　製品イノベーションと工程イノベーションの発生率[4]

（出所）J. M. アッターバック（1998）『イノベーション・ダイナミクス』有斐閣。

追求されるようになる。この「移行期」では，主に確定した機能・性能の漸進的な改良である漸進的イノベーション（incremental innovation）や工程イノベーション（process innovation）が行われていく。

　工程が確立していくにつれて，生産プロセスの柔軟性は失われていく。「固定期」になると，確立した製品を合理化された工程で生産できるため生産性は大きく向上する。製品と生産プロセスの関係は固定化して，努力は品質とコストの改善に向けられることになる。生産性は上がるものの次第に大きな製品イノベーションの余地がなくなってくるのである。このような製品イノベーションと生産性とがトレードオフ関係となる状況は「生産性のジレンマ」と呼ばれる[5]。

2-2　技術と市場との関連によるイノベーションの分析

　技術の成果が市場に受け入れられ，普及することによってイノベーションが成立すると考えると，単に技術だけでなく市場との関係によるイノベーションの考察が必要となる。

　技術および市場それぞれについて既存の価値を保持するのか破壊するのかの視点で捉えると，技術の軸と市場の軸によってイノベーションを4つの類型に

図表2-3　市場と技術によるイノベーションの類型化

	既存技術の保守強化 (漸進的イノベーション)	既存技術の破壊 (画期的イノベーション)
新市場創出 (破壊的イノベーション)	(2) 間隙創造 niche creation	(1) 構築的イノベーション architectural
既存市場深耕 (持続的イノベーション)	(4) 通常的イノベーション regular	(3) 革命的イノベーション revolutionary

(出所) アバナシー，クラーク，カントロー (1984) を基に著者作成。

分けることができる[6]。技術とは製品，生産，業務のあり方に関するものであり，既存技術を温存して強化するものか，既存技術を破壊するものなのかという軸である。市場の軸とは顧客とのつながりに関するもので，既存市場を深耕するものなのか，新市場を創造するものなのかという軸である。

図表2-3の(1)は構築的イノベーション（architectural innovation）[7]，(2)は間隙創造（niche creation），(3)は革命的イノベーション（revolutionary innovation），(4)は通常的イノベーション（regular innovation）と呼ばれる。

構築的イノベーションとは，既存技術を破壊して新しい技術で全くの新市場を創造するものであり，飛行機や自動車の発明などがこれにあたる。

一方，間隙創造とは既存の技術体系を用いて新市場を創造するものである。例えば，ソニーのウォークマンは，既存の技術を組み合わせて新しい音楽視聴スタイルとその市場を生み出した。技術的な革新性は小さくても消費者にとっては高い便益が提供されている。任天堂のファミコンなどもこの例である。これら商品は偶然的な価値を発見する資質・能力（セレンディピティ）によって生み出されることが多いと言われる。画期的な技術がなくても市場創造ができ

るのである。

　革命的イノベーションとは既存技術を破壊する新技術によって，既存の市場を深耕するものであり，カメラにおける銀塩フィルムカメラからデジタルカメラへの変革や照明における白熱電球からLED電球への代替などがこの例である。

　通常的イノベーションとは既存技術を強化して既存市場を深耕するもので(1)，(2)，(3)のイノベーションは，時間とともにすべて(4)の通常的イノベーション段階に移行する。(4)は，(1)，(2)，(3)のイノベーションを改良して生産性を向上させる漸進的イノベーションおよび工程イノベーションであり，企業にとっては競争力を高めることができる重要なイノベーションである[8]。

　次項では，技術と市場によるイノベーションの分析を技術の視点でさらに深めることで新たな商品開発の考え方を探ってみよう。

2-3　技術変化の内容によるイノベーションの分析

　技術に関する視点からは，既存技術の延長線上にあるイノベーションは漸進的（インクリメンタル）イノベーションないし連続的イノベーションと呼ばれる。一方，既存技術とは異なる新たな技術への飛躍があるイノベーションは画期的（ラディカル）イノベーションないし非連続的イノベーションと呼ばれる。したがって，図表2-3の技術の軸は漸進的イノベーションと画期的イノベーションの軸として捉えることができる。

　生産性のジレンマに見られるような技術の成熟状態において，代替する新たな画期的な技術による製品イノベーションが起きると，既存の固定された製品技術と生産技術は陳腐化しその漸進的イノベーションは意味を持たなくなる。一般的に，特定の技術パラダイムを前提にした技術が進化して成熟すると，次のパラダイムが現れ，非連続な新たな製品による画期的イノベーションが起こるのである。社会経済や企業の競争に大きなインパクトをもたらすのは，この画期的イノベーションによるものが中心であると考えられている。

　しかし，実際には技術的には非連続な大きな変化がなくても，製品に大きなインパクトを与え既存企業の競争力を低下させるような，画期的か漸進的かでは説明できないイノベーションが存在する。

図表2－4　技術の内容によるイノベーションの分類

		コアのデザインコンセプト（部品の基幹技術）	
		既存技術の強化	新技術への置換
コアのデザインコンセプトと部品間の繋がり（製品アーキテクチャ）	変化しない	漸進的イノベーション	モジュラー・イノベーション
	変化する	アーキテクチュラル・イノベーション	画期的イノベーション

（出所）中川功一（2007）p.580より。

2-3-1　コアのデザイン・コンセプトと製品アーキテクチャ

　そこで，技術変化の中身を吟味したイノベーションの考察がヘンダーソン，クラークによってなされている[9]。製品をコアのデザイン・コンセプトを体現した部品のまとまりと捉えて，技術の分類を考えてみる。コアのデザイン・コンセプトとは「製品の基本的機能を決めるような技術のこと[10]」であり[11]，自動車の駆動方式をガソリンエンジンとするのか電気モーターとするのかというような技術的な選択のことである。

　技術変化の中身には，コアのデザイン・コンセプトの変更と，部品間の繋ぎ方（製品アーキテクチャ）の変更の二通りがある[12]。そこで図表2－4に示すように部品レベルでの基本技術の変化が既存のもののままなのか，それとも別の技術に置き換えられたのかという軸と，部品の組み合わせ方を変更するのかどうかという軸とでイノベーションを分類することができる。

　漸進的，画期的と言われるイノベーションは図表2－4のそれぞれ左上と右下に位置づけられる。製品アーキテクチャを維持したまま，部品の基幹技術を変化させるものはモジュラー・イノベーション，部品間の相互関係性だけを変化させるものはアーキテクチュラル・イノベーションと呼ばれる[13]。

2-3-2　モジュラー・イノベーションとアーキテクチュラル・イノベーション

　モジュラー・イノベーションとは，構成要素の連結の仕方は変えずに，コア

のデザイン・コンセプトだけを変えるものである。ガソリンエンジンから電気モーターへの変化やアナログからデジタルへの変更など，部品の基幹技術が別のものに変更されるが部品間の関係は従来のままであるような場合はこれに当たる[14]。パイロットコーポレーションのフリクションボールペンは，温度変化によって色が変化するインクの開発によって消せるボールペンという新しいコンセプトでの市場創造を実現した。従来の簡単に消せないというボールペンインクのコアのデザイン・コンセプトが一変している。しかしボールペン自体では他の構成要素との関係性はほとんど変わっていない。ボールペンの新たな使い途を提案し，市場創造が行われているが，これは製品の基本的機能を決める部品の新技術による代替によって成し遂げられたものである。

　アーキテクチュラル・イノベーションとは既存の構成要素の連結を見直すもので，構成要素間で新しい相互作用や連結が生まれるが，新しい技術によって部品が別のものに取り換えられることはない。完全にこのような理念的な例は少ないと考えられるが，ダイソンの羽根のない扇風機である「エアー・マルチプライヤー」などはこの例と言えよう。モーターでファンを回して風を送るというコアのデザイン・コンセプトが全く別の技術で置き換えられたのではない。ただ，モーター，ファンなどの部品の繋がり方がこれまでの扇風機とは全く異なって新しくなったのである。

　以上のように，わずかしか技術が変化していないように見える製品が劇的な競争力を持つ現象を，構成要素の変化とその連結の仕方の変化によって技術の面から説明することができる。逆に，このような技術の捉え方からフリクションボールペンやエアー・マルチプライヤーのような新しい商品を発想・企画していくことが可能である。

2-4　イノベーションのジレンマ

　ここでは，図表2－3の市場の軸を顧客との関係性（既存顧客と新規顧客）として捉え直して考えてみよう。顧客との関係を継続するのか，破壊するのかという視点である。

　クリステンセンはハードディスクドライブ産業の分析から市場（顧客）との関係を重視したイノベーションの捉え方を提起している[15]。彼は，企業がイノ

ベーションに組織的にどう対応したらよいのかを，優良企業がイノベーションにおいて失敗する要因を分析することから明らかにして，持続的イノベーションと破壊的イノベーションという考え方を導入した。

2-4-1　持続的イノベーションと破壊的イノベーション

製品の性能を高めるイノベーションを，クリステンセンは「持続的イノベーション（sustaining innovation）」と呼んでいる。持続的イノベーションは「主要市場のメインの顧客が今まで評価してきた性能指標にしたがって，既存製品の性能を向上させるもの」で断続的・画期的（ラディカル）なものも漸進的（インクリメンタル）なものも含まれる。

しかし，既存の顧客の声を聞いて性能の向上を続けていると，競争の激化によって技術改良のペースが速まり市場の要求水準を追い抜いて，顧客の要求する以上の性能の商品を生み出してしまう。そのような状況において，既存の高度な技術は次第に競争上の意味をあまり持たなくなってくる。

そこで，当初は既存市場の評価基準では劣るが，いずれは改良が進んで既存

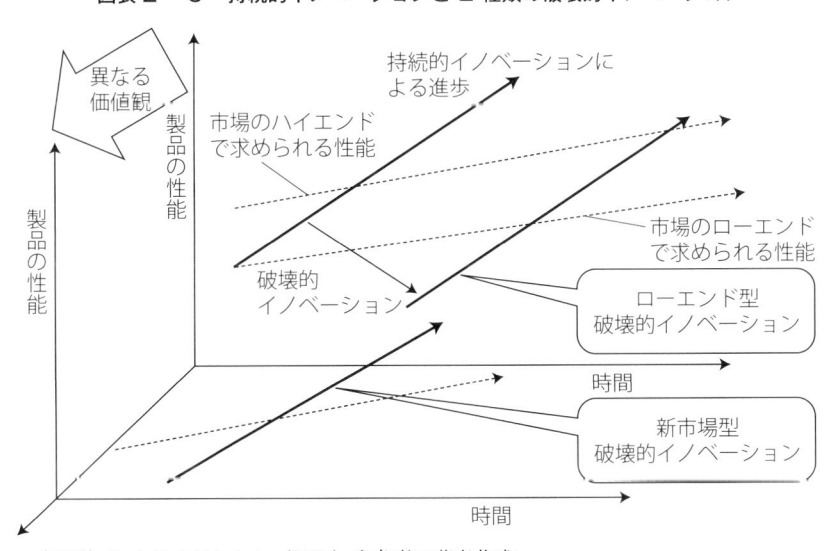

図表2-5　持続的イノベーションと2種類の破壊的イノベーション

（出所）C.クリステンセン（2001）を参考に著者作成。

市場の顧客ニーズにもこたえられる可能性を持つ「破壊的イノベーション (disruptive innovation)」が起きてくる。破壊的イノベーションとは、「主流の市場で少なくとも短期的には、製品の性能を引き下げる効果を持つイノベーション」であり、例えば「低価格、シンプル、小型で使い勝手がよい」といったような新しい顧客に評価される特長を持っている。破壊的イノベーションは既存の主要市場では評価されず最初は顧客が存在しないので、顧客を探すことが不可欠である。それを受け入れるのは、主要市場で求められるほどの高い性能指標を必要としない人々である。従来とは異なる価値基準で新たな市場を開拓するイノベーションなのである。この破壊的イノベーションには「ローエンド型破壊」と「新市場型破壊」の2つが考えられる。

2-4-2 「ローエンド型破壊」と「新市場型破壊」

「ローエンド型破壊」とは既存の製品・サービスの性能が要求水準を超えている顧客に対して、従来よりも性能の低いものを低価格で販売することで市場参入するイノベーションのことである。持続的イノベーションによる性能向上が繰り返され、製品性能が市場ニーズを超えて過剰になると、低性能だが低価格の製品を受け入れる下地ができてくる。既存市場よりも下方に位置する市場を狙う破壊的イノベーションであるが、次第に性能を高めて既存の市場を奪う可能性も生じる（図表2-5）。

これに対して、価格以外の価値基準で評価される破壊的イノベーションを「新市場型破壊」という。従来の製品・サービスにはない価値基準での機能・性能を持つことで新たな市場を作り出すイノベーションである。このような新市場型破壊は、「従来とはまったく異なる価値基準を市場にもたらす」[16]ものであり、これまでの市場の顧客にとってはあまり価値がないと考えられているものであるため、既存の企業にとって脅威とは意識されないことが多い。

このように、低性能のニッチ市場から生み出された破壊的イノベーションが、異なる価値基準を持つ新たな市場を創造し、既存市場で支配的にいる優良企業が次第に収益性と成長率の高い新製品を生み出せなくなってしまうことが起きる。これが「イノベーションのジレンマ」（The Innovator's Dilemma）と呼ばれる現象である。

1950～60年代の真空管からトランジスターへの転換や，1990年代～2000年代の銀塩フィルムカメラからデジタルカメラへの転換などがイノベーションのジレンマの例として挙げられる。

2-4-3　デジタルカメラにおけるイノベーションのジレンマ

当初は既存の銀塩フィルムカメラに対して解像度などの基本的性能では大きく劣っていたにもかかわらず，デジタルカメラはその場ですぐ見られ撮り直しができることで新たな市場を開拓した。

デジタルカメラは，1975年にイーストマン・コダックの技術者によって発明されていた。それ以降フィルム会社やカメラ会社で研究はされていたが，銀塩フィルムカメラを代替するものになるとは考えられていなかった。アナログ電子記録のカメラ（電子スチルカメラ）は1981年にソニーが「マビカ」を試作・製品化したが，デジタル記録の一般向けカメラは富士写真フィルムから「FUJIX　DS-1P」として1988年に発売されたものが世界で初めてだった。しかし，高価格であり銀塩フィルムに比べ画質が圧倒的に低いために売れなかった。

デジタルカメラとして市場で受け入れられ一般に普及したのは1994年に発表され，1995年3月にカシオ計算機から6万5,000円で発売された「QV-10」である。外部記録装置なしに96枚撮影でき，本体の液晶画面ですぐに画像が確認できる，パソコンにも画像が簡単に取り込めるなど，これまでのカメラではできない新たな機能が実現されていた[17]。

銀塩フィルムおよびカメラ関連の企業においては，既存の顧客に対して画質の劣る製品を出すことに躊躇いがあった。これがイノベーションのジレンマである。それに対して，新規に参入したカシオは全く新しい価値を持つ製品として市場を開拓したのである。

銀塩フィルム市場にこだわり，デジタルカメラ市場への事業転換に乗り遅れた創業130年の写真フィルムの名門イーストマン・コダックは経営破綻に追い込まれ，2012年1月に米連邦破産裁判所に連邦破産法11条の適用を申請している。

一方，富士フイルム，キヤノン，ニコンなどの企業は1997年末頃から始まっ

た高画素数化の競争や一般向けデジタル一眼カメラ開発などにおいて，これまでの銀塩フィルムカメラ開発での技術的な蓄積を生かすことで優位を獲得している[18]。

２-５　既存の技術体系における帆船効果

　非連続な革新的技術の登場が，結果的に既存の技術の連続的なイノベーションを再活性化することもある。これまでは，安定した技術と既存市場で安穏としていた企業が，革新的な技術の登場による新たな参入者の脅威を感じ，既存技術の改良・性能向上によって対抗する現象は「帆船効果」と呼ばれている。

　この言葉は，蒸気機関の発明によって帆船の改良が推し進められ，帆船が競争力を持つことによって蒸気船と長く共存していたことに由来する。19世紀末のガス灯においても，ガスの供給システムやガス灯の改良などの既存技術の持続的イノベーションにより生産性を向上させることで，白熱電球の普及を遅らせたことが知られている[19]。

APSカメラシステムに見られる帆船効果

　このような既存技術の改良により非連続な破壊的イノベーションを遅らせる帆船効果は，フィルム，カメラ市場でも，APS（Advanced Photo System）カメラとして見られた。デジタルカメラの開発が進む中，1992年にコダック，富士写真フイルム（現富士フイルム），キヤノン，ニコン，ミノルタの５社が共同プロジェクトとしてAPS開発をスタートさせた。

　これまでの35mmフィルムはフィルムの装填が面倒である，フィルムを指で汚してしまう，撮影途中で取り出すことが簡単にできないなどの使用上の不便さとともに，カートリッジサイズの制約でカメラサイズをコンパクト化できないといった問題があった。また，撮影時の様々な情報をフィルムに記録することができなかった。既に開発が行われていたデジタルカメラは，画質は圧倒的に劣るが，デジタル情報の記録や利便性では優ることが予想された。そこで，既存の銀塩フィルムの高い画質を維持したまま利便性，コンパクト性を高めるフィルム規格とカメラのシステム（APS）が考えられたのである。

　APS（正式名称はIX240システム）ではフィルムカートリッジをカメラに入

れ，ふたを閉めれば自動的に1コマ目までフィルムを送り出してくれるのでフィルム装填の手間がなくなった。フィルム幅も24mmにコンパクト化され，撮影後はフィルムをカートリッジに完全に巻き込んだ状態で取り出せるのでフィルムを傷つけることもない。フィルムにも磁気記録機能を持たせ，撮影時の情報をすべて磁気記録で書き込めるようにしたので，撮影途中で巻き戻しても再装填すれば自動的に未使用の続きのコマから撮影ができるようになった。このように利便性の改善と新しい機能を持ったAPSのフィルムとカメラは1996年4月に発売され，コニカ，アグファ，ペンタックス，京セラなどの企業も参加してきた。特に1999年3月にこの規格でコンパクト化を実現して発売したキヤノン「IXY」は大ヒット商品となった。また，1999年にはニコン，ミノルタなどからAPSの一眼レフカメラも発売されている。

このように，APSによって銀塩フィルムカメラの需要が一時持ち直した状況は図表2－6にも表れている。しかし，デジタルカメラへの潮流を止めることはできなかった。2000年5月にはキヤノンは大ヒットしたIXYをデジタル

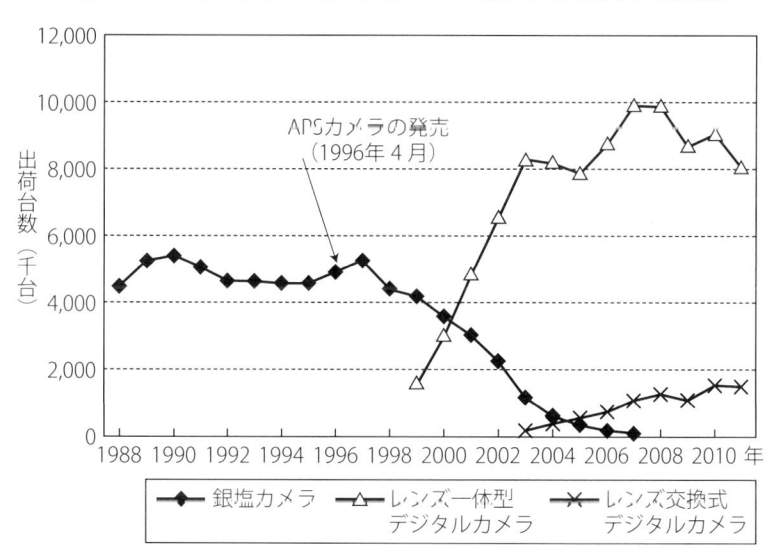

図表2－6　銀塩フィルムカメラとデジタルカメラの国内向け出荷台数

(出所) カメラ映像機器工業会のデータを基に著者作成。

化した「IXYデジタル」を発売し，10月には一般向けのデジタル一眼レフカメラ「EOS D30」を発売した。2001年には国内向け出荷台数ではデジタルカメラが銀塩フィルムカメラを追い抜き，2002年頃からAPSカメラからの企業の撤退が相次いだ。2011年にはこのプロジェクトの中心メンバーであった富士フイルム，コダックなどの企業も生産・販売を終了している。APSは銀塩フィルムとカメラにおける最後の漸進的イノベーションによる「帆船効果」の例と言えるだろう[20]。

2-6 イノベーションの考察と商品開発

　革新的な技術によって生み出された商品もやがて陳腐化していくので，市場の変化に対応した技術の開発が重要となる。既存の技術，既存の市場に留まっていると社会の変化に対応できなくなり，市場創出の機会を逸してしまう。

　生産性のジレンマでは，製品イノベーションを興しても成熟，固定期になると漸進的なイノベーションや工程イノベーションによる生産性向上に注力してしまい，新たな製品イノベーションを生み出すことができにくくなることが指摘できる。

　イノベーションには技術の革新と市場の革新の2つの側面があり，これらをよく検討する必要がある。技術の側面において必ずしも画期的なイノベーションでなくとも，市場に大きなインパクトを与えることができる[21]。コアのデザイン・コンセプトに関わる新しい技術の革新がなくても，部品間の繋がり方（製品アーキテクチャ）を変化させることによって競争優位を獲得することができる。

　また，顧客との関係における市場の考察からは，既存の顧客に拘泥してその市場での持続的イノベーションを行っていると技術水準が顧客の要求水準を超えてしまうこと，全く別の価値観を持った新たな顧客に対応できなくなること，ニッチ市場からの破壊的イノベーションによって市場を奪われてしまうこと等がわかる。こうして既存の顧客に対応した高い技術水準を持つ企業の方が，かえって新しい顧客に対応できなくなるという「イノベーションのジレンマ」に陥るのである。

　また，新しい技術が市場に普及する段階で，既存の技術体系においても連続

的なイノベーションが起こり，新しい市場創造を妨げる「帆船効果」が見られることも多い。

技術的に新規で画期的で非連続なイノベーションであっても，その用途やユーザーにおいて既存の商品と繋がっていることもある。既存の技術の多くをそのまま踏襲している場合も多い。発想，受容プロセスで既存商品と類似性がある場合もある。商品開発において，技術，ノウハウ，部品の繋がり方，主要なユーザー，必要な補完的資産などで過去の蓄積が活用できるのか，足かせになるのかを的確に判断できるかが企業の浮沈に影響する。

次節では，照明における2つの商品開発の事例からイノベーションと商品開発の関わりを確かめてみよう。

3　照明におけるイノベーションと商品開発
－白熱電球に代替する電球形蛍光灯およびLED電球の開発事例－

3-1　光のイノベーション

太陽と同じ白い光の照明の歴史は，白熱ガス灯，白熱電球，白色蛍光灯そして白色LEDへと変遷してきている。電気による照明としては，1879年にエジソンが発明したとされる白熱電球と1938年にGEによって商品化された白色蛍光灯が世界中で長く使われてきている[22]。

白熱電球の発光原理はフィラメントに電気を流すと電気抵抗でフィラメント自体が2,000度近くに熱せられ白色光を発するものである。したがって，電気エネルギーの大半が熱に変わるためエネルギー変換効率は10％程度しかなく，1W当たりに放出される光の量（光束，lm）も著しく低い。

蛍光灯はランプの両端にある電極にフィラメントが付いており，電流が流れるとフィラメントが温められ熱電子が放出される。これが管内に封入されている気体状態の水銀に衝突することで紫外線を放出し，紫外線が管内壁に塗布された蛍光塗料に吸収され発光する。白熱電球に比べると発光効率は高いが，熱になって損失するエネルギーもまだ大きい。また，廃棄する際に，有害物質の水銀が出るという欠点もある。

LED（Light Emitting Diode：発光ダイオード）はP型（正孔）とN型（電子）

の2種類の半導体を接合したもので，電圧をかけると電子と正孔が再結合するがその際に余分なエネルギーを光として放出するものである。半導体内で電気エネルギーが直接光となるので電力の光への変換効率が高いのが特長である。

現在，省エネルギーのためLED電球やLEDシーリングライトへの照明の転換が図られている。照明におけるイノベーションについて，電球形蛍光灯とLED電球の商品開発の状況から見てみよう。

3-2　電球形蛍光灯の開発

日本での照明の歴史は，東芝の創業者の一人藤岡市助が1884年に渡米してエジソンに会い，1890年に白熱電球を生産し，東芝の前身「白熱舎」を設立することに始まる。日本で初めての一般白熱電球の実用化についで，東芝は1940年に蛍光灯の生産を開始している[23]。

1970年代の2度のオイルショックは社会生活に大きな影響を与え，省エネが意識されるようになった。白熱電球よりも発光効率がよく寿命の長い蛍光灯を電球ソケットに取り付けるという電球形蛍光灯の開発が始まった。1979年に丸型蛍光灯を電球ソケット付きの安定器内蔵ケースに入れた電球形蛍光灯が日本で初めて発売されたが，電球の形状とはほど遠いもので市場では評価されなかった。

東芝では，蛍光ランプを折り曲げて点灯装置と一体化し電球のソケットで使える試作品を1978年に作ったが，ランプと安定器から出る熱のため高温になり商品化できなかった。ガラスグローブに替えてポリカーボネートのカバーに小穴を無数に開けることで熱の問題を解決し，諸改良を重ねて最終的に直径110mmのボール形状に収めることができた。1980年7月に世界初の電球形蛍光灯「ネオボール」が発売された。その後，電極近くにインジウムを蒸着することで熱の発生が抑えられ，発光効率を高めることができ，密閉化したガラスグローブの採用も実現できた。点灯回路の電子化により1984年に軽量で明るい電子ネオボールを商品化した。

2005年10月電球形蛍光灯で世界最小形であり省エネ性能が高い「ネオボールZリアル」が東芝から発売された。「ネオボールZリアル」は60Wタイプで消費電力が12Wであり，電球と同一のシルエットと光り方を実現している。寿

命は6,000時間であり，電球としての固有エネルギー消費効率は67.5 lm/W である[24]。

一方，パナソニックは1936年に白熱電球を，1950年に直管型蛍光灯を発売して，その後は国内の照明事業において中心的な役割を果たしてきた。

パナソニックでは1980年3月に松下電子工業の蛍光灯開発担当者が電球形蛍光灯の開発を命じられる。その当時持っている技術で実現可能な電球形蛍光灯を模索し，当時入手可能なU字管を使い，発光体以外の部品はすべて外注で生産を行った。1980年11月に「ライトカプセルT13形」という商品名で電球ソケットに取り付けられる蛍光灯を発売した。消費電力は電球の3分の1程度であったが，40W相当の明るさで長さは20cm（電球の2倍），重さは430g（電球の約15倍）であった。実際に取り付けられない器具も多く，スイッチを入れてもなかなか明るくならなかった。

ライトカプセルからのさらなる小型化，軽量化には，従来の銅鉄安定器ではなく電子安定器内蔵の開発が必要であった[25]。電子安定器によって高電圧を実現でき，電流を減らして発生する熱も大幅に減らすことができた。ガラスで作られている発光管の改善と小型化，放熱技術の工夫も図られた。さらに，電子安定器に切り替えて小型化しても前機種と同じ価格で発売するために，大幅なコストダウンも必要だった。1993年に発売されたコンパクトなパルックボールは，一般家庭に普及して国内販売シェアを大幅に高めた。

2003年6月にパナソニックは，日本で初めてスパイラル蛍光管を採用した「パルックボールスパイラル」を開発した。大きさは電球と同程度，消費電力は4分の1（12W）で重さも3倍に抑えられた。電球形蛍光灯は，一般の蛍光灯では器具についている回路を電球内に内蔵しなければならない。電球の形（グローブ）内に，いかに細くて長い発光管を組み込むかが最も重要な課題であった。

蛍光灯では熱電子が最冷点に向かって飛ぶことによって発光する。そのため管の中央部に最冷点をつくる工夫が必要になる。グローブの頂上に熱伝導媒体を置き，それにスパイラル管を接触させて冷却することでこの課題を解決した。2006年10月にパルックボールプレミアが発売される。消費電力は10Wに抑えられ，寿命は4,000時間に延びた。コスト削減の努力で，2006年パルックボー

ル事業は黒字化する。

　2008年7月発売のパルックボールプレミアQはスパイラル発光管の内側に小型電球を搭載するハイブリッド点灯方式を採用した。これまでの電球形蛍光灯の立ち上がりの遅さを解消し，点灯直後にすぐにこれまでの電球形蛍光灯に比べ3倍の明るさになる。初めの約30秒間は小型電球も点灯するのですぐに明るくなり，蛍光管が明るくなった頃に電球が消灯する方式である。固有エネルギー消費効率は75.0 lm/Wであり，寿命も13,000時間となった。電球と蛍光灯双方の欠点を補完し，長所を足し合わせた究極の電球形蛍光灯である。

3-3　LED電球のイノベーション
3-3-1　LED照明の開発

　LEDの発光現象は1907年に発見されているが，実用化に向かったのは1962年に赤色の光を放つLEDが開発されてからである。その後，黄緑色，黄色のLEDが作られ，青色LEDがあれば光の三原色がそろい白色光が作り出せると考えられていた。青色LEDの開発は当時日亜化学工業にいた中村修二によって1993年になされた。

　しかし，現在LED電球，LEDシーリングライトに使われている白色LEDは光の三原色のLEDを組み合わせたものではなく，青色LEDと黄色に光る蛍光物質により白色光を得ているもので，疑似白色光といわれる。これは赤と緑を発生させるためのエネルギーを必要としないので少ないエネルギーで発光効率の高い光源とすることができる。

　照明用には白熱電球のフィラメントに相当する白色LED素子（チップ）を基盤に接続して樹脂で封じ込めた状態のLEDパッケージが用いられる。これにはピン挿入型（砲弾形LED）と平面実装型（ガルウイング形LED）があり，現在家庭用のLED電球，LEDシーリングライトでは平面実装型LEDパッケージを複数基板に取り付けたLEDモジュールが使われている。このLEDモジュールを照明器具と一体化することでLED照明器具となる。

　ところで，国内の照明事業（白熱電球，蛍光灯）は，ガラス加工における大規模な生産設備や蛍光体の配合，電極形状などを含め明かりに関する様々なノウハウが必要なことなどからパナソニック，東芝ライテック，日立，三菱電機，

NECの5社で長く寡占状態が続いていた。

　しかしLED照明においては，LEDモジュールなどの部品を購入してカバーを付け組み立てるだけでよいため，製造工程が簡単で参入が容易である。LEDモジュールは各社とも日亜化学工業，豊田合成，シチズン電子などから調達している[26]。そのため，これまで照明事業を行ってこなかった企業が低価格で参入することができるようになった。電子部品メーカーのローム，リサイクルトナーが本業のエコリカ，生活用品のアイリスオーヤマ，大和ハウス工業，機械メーカーの三菱化工機，三菱化学など多数の企業がLED照明事業へ参入してきている。

3-3-2　家庭用LED電球の市場化

　LED電球のメリットとしては，1W当たりの光束が多い（固有エネルギー消費効率が良い），ランプの寿命が長い（約40,000時間），紫外線や熱線がほとんど出ない（虫が寄ってこない），瞬時に点灯する，落下しても壊れにくい，光色を自由に作れる（調色機能）などがある。

　一方，デメリットとしては，価格が高い（当初1万円程度），重量が重い，調光対応型でないと調光ができない，光が全方向に出ていない（指向性が高く配光角が小さい），密閉器具に対応できないものがある，光の色によって光束が異なる，演色性が劣るなどが挙げられる。

　家庭用LED電球は，2009年3月18日に東芝（東芝ライテック）から白熱電球形の40WタイプのLED電球「イー・コア」が発売された。外径は60mm，長さ109mm，質量140g，消費電力は4.3W，電球色が230lm（固有エネルギー消費効率53.5 lm/W），昼白色が310lm（72.1 lm/W）で価格は1万500円（実売価格は9,000円程度）であった。省エネ性と40,000時間（白熱電球の40倍）の寿命を持っているが高価格であるために当初LED電球の需要は伸びなかった。

　2008年秋にオフィス店舗向けLED照明で市場参入していたシャープは，2009年8月に消費者に受容されうる低価格（3,900円）設定をしてLED電球に参入してきた。40倍の寿命を持つLED電球のこの価格は，消費者に妥当なものと感じられ一気に市場に火がついた。

　パナソニックは，業務用LED照明において1998年に足元誘導灯としての第

1号を発売していたが，新規参入のシャープや既存照明企業のNEC（2009年9月），三菱電機（2009年9月）などに遅れて漸く2009年10月にLED電球を発売した。

パナソニックのLED電球「エバーレッズ」は，業界No.1の省エネと同時に業界最軽量の100g，外径は55mm，長さは105mmの最小サイズを実現している。独自の放熱設計で固有エネルギー消費効率を高め，消費電力は4.0Wで電球色が260lm（65.2 lm/W），昼光色が340lm（82.6 lm/W）である。パナソニックは白熱電球にそのまま代替できるように全製品を密閉器具に対応したものとした。また，調光タイプや小型電球（E17口金）も同時に発売している。

LEDチップは，各社ともほぼ同じ企業（日亜化学工業等）から調達しているが，パナソニックは蛍光物質を特注してLEDモジュールを生産させることで他社とは異なる明かりの色を作り出している。日亜化学工業などのメーカーの扱う基本のLEDチップの色は昼白色であるが，パナソニックでは消費者が求める光の色のノウハウにより，昼白色ではなく昼光色を作っている。国内市場における蛍光灯の色においては電球色が4割，昼白色が2割，昼光色が4割である。日本人には温かみのある電球色とともに，青味の強いより明るく感じられる色が好まれているという分析からである。明かりの波長制御は快適な色と明るさを提供するための重要なノウハウである。

LED電球においてもLED基板から発生する熱をいかに放熱させるかが大きな課題である。熱による発光効率の低下とともに，回路の劣化により寿命が短くなってしまう。放熱のためのシンク部分を各社とも工夫している。東芝はアルミの削り出しのフィン型のものであったが，コストもかかる。パナソニックは削り出しよりもコストの安いアルミの打ち出し成型で表面をアルマイト加工している。アルマイト加工により目には見えないが表面に無数の穴ができ表面積が増大するために放熱効率が良くなっている。

LED電球のデザインは基本的には白熱電球に近付けることを考えているが，パナソニックでは熱から回路を守るため口金上部が他社に比べ太く従来の白熱電球とは異なる形状となった。この太さは電球形蛍光灯のパルックボールと同じ太さであったので，開発側では許容できるものと考えた。

当初は営業からは評判が良くなかった。しかし，小型，軽量で他社よりも優

れた性能であり，消費者にはLED照明として先進的で斬新なデザインとして受け入れられた。このLED電球のデザインは，2009年度グッドデザイン賞（日本），2010年iFプロダクトデザイン賞（ドイツ），2010年IDEA金賞（アメリカ）を受けるなど高評価を得ている。

　パナソニックは，LED電球の市場導入に際して，開発方針にこだわりがあった。LED電球は省エネでエコであると言われるが電球形蛍光灯と比べてエネルギー効率が良くなっていなければ実質的な意味がない。LED電球の発売時期で遅れをとった原因は，国内照明事業のリーダーとして電球の明るさ（40W相当）にこだわったためであった。

　パナソニックはLEDシーリングライトにおいても，シャープ（2009年9月），東芝（同年12月）に続いて2010年3月に参入している。「蛍光灯のシーリングライトでトップなので，LEDでも製品の完成度にこだわった」のである[27]。パナソニックはトップ企業の責務として売れるモノだけ作るのではなく，家まるごと代替できるように品揃えを充実していくことを考え，小形電球タイプ，調光器対応タイプだけでなくミニレフタイプや透明電球タイプのものなども開発し販売している[28]。

3-4　事例の分析について

　白熱電球からよりエネルギー効率のよい電球形照明への転換は1970年代から環境問題等をきっかけとして始まっている[29]。その成果が電球形蛍光灯であり，LED電球である。

　白熱電球は灯りとしての美しさ，暖かさは他に代替できないパーフェクトな照明である。しかし，消費電力量が大きくエネルギー効率が悪い。一方，電球形蛍光灯には省エネの観点からでは勝っているが，すぐ明るくならないという欠点があった。LED電球はエネルギー効率も良く，すぐに明るくなるが，配光角，演色性，全光束などにおいてまだ課題がある[30]。したがって，これらを改善する漸進的イノベーションが各企業で行われている[31]。

　電球形蛍光灯は既存の技術の漸進的な改良による連続的イノベーションであった。技術の側面から見ればアーキテクチュラル・イノベーションと言える。蛍光管を電球サイズに収めるために構成する部品は既存の技術によるものであ

るが，その組み合わせの仕方（製品アーキテクチャ）の変更が必要であった。既存製品における欠点を補い，省エネ性能を高める技術の改良が行われた。電球形蛍光灯の完成形ともいえるのが，パナソニックのパルックボールプレミアQであった。これまでのノウハウや部品における技術的な蓄積も生かされているので，従来からの製造過程等における参入障壁も維持され，電球形蛍光灯市場への新たな企業の参入は困難であった。

しかし，電球形蛍光灯の成功が，パナソニックのLED電球の参入を遅れさせた一つの理由とも言える。電球形蛍光灯の省エネ性能が優れていたことが，それ以上のエネルギー効率のLED電球でなければ意味がないという開発方針となっている。これはある種の帆船効果とも考えられる。

製品単体としてLED電球は，光を生み出す中核の部品の変更とともに製品アーキテクチャが大きく変わっている。これは画期的イノベーションであり，既存の技術における優位性はほとんどなくなってしまう。製造過程も大きく変わり，LEDモジュールなどの部品を組み立てるだけとなったため，新たな企業の低価格の製品による参入が容易となった。ただし，既存市場での白熱電球からの代替であり，顧客との関係はほとんど変わっていない。

顧客との関係性から考えると，社会全体へのLED電球の普及に際して，パナソニックは明かりに対するこだわりを持っていた。既存の電球形蛍光灯以上の省エネ性能の実現，家まるごと代替できるような品揃えの充実，単体ではない住宅設備としての照明の提案，HPやCMでの啓蒙活動などに「明かりは文化である」という企業の思いが伝わってくる。

事例とした電球形蛍光灯もLED電球も，既存市場において消費者の生活を大きく変えずに新しい技術による新商品が市場に普及してイノベーションを実現している。

4　イノベーションと社会との調和

イノベーション研究では，イノベーションのダイナミクスとそれへの企業の対応の仕方について論じられているが，イノベーションについての直接的な評価はほとんどなされていない。一般的にイノベーションは経済社会そして企業

にとって好ましいもの，発展のために必須のものとして扱われている。イノベーションの議論は企業，経営サイドの問題として取り扱われることが多いが，イノベーションの意味が社会へのインパクトを与えるものであるならば，新商品・新サービス・新ビジネスの登場・普及によって引き起こされる社会変化の視点からイノベーションを議論・評価することは重要である。

　市場に普及したが商品が社会をどう変容させるのか。社会のあり方を考えて技術をどう制御するのか。企業理念や社会倫理に照らして，どのような商品や消費生活を良いものとするのか，などの問題も考える必要がある。

4-1　暖かいイノベーションと冷たいイノベーション

　社会性を持つ，社会にとって好ましい影響を与えるイノベーションを「暖かい」イノベーションとする。誰にでも優しいユニバーサルデザインの商品，環境負荷を低減した地球に優しい商品，地域コミュニティを創造するような新たなサービスなどは穏やかで暖かいイノベーションの例である。持続的イノベーションは徐々に改善して商品を生み出し社会に浸透していくので，技術進歩のスピードが受容する社会の進歩速度と同程度に穏やかであれば，社会性の配慮がなされる余裕があるために暖かいイノベーションとなり得る。事例で取り上げたLED電球は，これまでの消費生活を変えずに新しい技術の新商品が社会に普及して，エコ生活，エコ社会を実現している。

　これとは逆に，技術の適用による商品の普及が消費生活を大きく変えて社会的な摩擦を生じたり，環境を悪化させるなどの大きな社会問題を生じたりするものは「冷たい」イノベーションである。技術革新・技術の市場化のスピードが速いと，社会性の評価がなされず市場化され冷たいイノベーションの商品が増加することになる。

　例えば携帯電話は，当初自動車電話として考えられていたように，高速で移動中でも通話が途切れないことがPHSに対する優位性であり，緊急に電話の連絡を必要とする企業経営者等をターゲットとして開発されたものであった[32]。しかし，携帯電話本体を安く提供して通話料等で儲けるビジネスモデルによって携帯電話は急速に普及し，1993年の3.2％から2003年には94.4％と10年間で一気に普及率が上昇した。

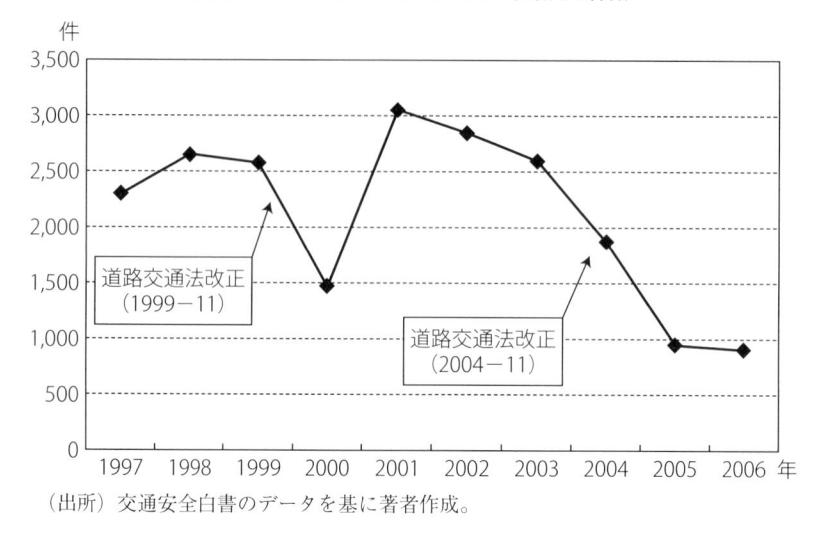

図表 2－7　携帯電話使用による事故発生件数

件

グラフ内ラベル：
- 道路交通法改正（1999－11）
- 道路交通法改正（2004－11）

（出所）交通安全白書のデータを基に著者作成。

　急激な普及に伴い，携帯電話の使用による様々な社会的な摩擦が生じた。携帯電話をかけながら運転する人が増え，それに伴う交通事故も多く報告されるようになる。また電車の中での携帯電話の使用によるトラブルも増加した。しかし，これらは携帯電話の本来の高速移動中に通話が可能であるという特性からは，当然予測されたことでもあった。

　1996年頃から携帯電話の使用による交通事故が多発するようになった。1997年から1999年にかけて携帯電話使用中の交通事故として毎年約2,500件の報告がされている。図表2－7に示したように，1999年11月と2004年11月の二度の道路交通法改正によって，運転中に携帯電話を使用しただけで罰則の対象となったことで漸く2006年に1,000件以下に減少している。

　携帯電話の例のように，新しい技術による新商品は社会を変革するが，一方で社会的な摩擦や混乱を生じ，社会に適合し容認されるようになるまでにかなりの時間がかかることがわかる。

5　おわりに

「社会を動かす」イノベーションには社会に感動を与える場合と，社会に顰蹙を買う場合とがある。どのようなイノベーションにも常にこの両面があり，イノベーションの普及はまさにこのようなバランスで起こっていくとも考えられる。

社会のあり方を考え，消費者の生活を急激に変えることのない「暖かい」商品開発は誰にでも好ましい。一方，充分な説明のない新技術による新商品・新サービスの急激な社会への普及・展開によって，大きな摩擦や社会への悪影響をもたらす場合もある。このようなイノベーションは「冷たさ」を持っている。

我々の生活のわがままさを増大させる新商品・新ビジネスは個人にとっては好ましいが社会にとっては問題であることも多い。携帯電話の便利さは社会的なジレンマの例でもある。原子力発電所も現代に生きる人々の目先の利益，個人的な満足を得るために，将来に大きな負の遺産を負わせる行為である。

社会に感動を与える暖かい技術，商品による社会を動かすイノベーションを我々は選択する必要がある。新たな技術によって新たな市場創造する者にはそれに伴った社会的な責任があるのだ。

（山本　恭裕）

注

1　「イノベーション」は「技術革新」と日本語訳されることが多い。技術革新という言葉における「技術」とは，組織が労働力，資本，原材料，情報を価値の高い製品やサービスに変えるプロセスのことで，単にエンジニアリングや製造に関する技術にとどまらず，マーケティング，投資，マネジメントなどのプロセスを含めた幅広い意味を持っている。本章ではイノベーションという言葉をそのまま用いる。
2　伊丹敬之（2009）『イノベーションを興す』日本経済新聞出版社。
3　一橋大学イノベーションセンター編（2001）『イノベーションマネジメント入門』日本経済新聞社。
4　J. M. アッターバック（1998）『イノベーション・ダイナミクス』有斐閣より引用。

5 Abernathyは，自動車産業の歴史的変遷を研究し，製品技術と工程技術とが産業の発展・移行にどのように結びついているのかを分析し，「生産性のジレンマ」の関係を明らかにしている。(Abernathy, W. J. (1978), *Productivity Dilemma: Roadblock to Innovation in the Automobile Industry*, Baltimore: Johns Hopkins University Press)
J. M. アッターバック (1998)『イノベーション・ダイナミクス』有斐閣。
6 アバナシー，クラーク，カントロー (1984)『インダストリアル・ルネサンス：脱成熟化時代へ』TBSブリタニカ。
7 次項の2-3において記す技術における分類で，ヘンダーソンとクラークもアーキテクチュラル・イノベーション（architectural innovation）という言葉を用いているが，異なる意味合いで使われている。
8 同時に独創性を阻害し「生産性のジレンマ」に陥らせるものでもある。
9 Henderson, R., Clark, K.B. (1990), "Architectural innovation: The reconfiguration of existing product technologies and the failure of established firms", *Administrative Science Quarterly*, 35, pp. 9-30.
10 中川功一 (2007)「製品アーキテクチャ研究の嚆矢」赤門マネジメント・レビュー，6巻11号，p.579。
11 田路則子 (2008)『アーキテクチュラル・イノベーション―ハイテク企業のジレンマ克服』白桃書房では，コアのデザイン・コンセプトを「構成要素が体現する全体としての主要な機能のこと」「システム全体が実現するパフォーマンスとしての機能特性」として説明している。
12 知識にも製品の部品に関する知識（コンポーネント知識）と部品の繋ぎ方についての知識（アーキテクチャ知識）がある。
13 田路 (2008) p.11。
14 ガソリンエンジンから電気モーターへの変化をパワーユニットシステムの変更と捉えると，コアのデザイン・コンセプトだけの代替のように考えられる。しかし，エンジンやモーターを個別に捉えるとトランスミッションや電池等の部品の構成や関係性（製品アーキテクチャ）も大きく変わることになる。したがって，既存の構成要素間の連結もコアのデザイン・コンセプトも変更して全く新しいものを作るラディカル・イノベーションと解釈することもできる。
15 クレイトン・クリステンセン (2001)『イノベーションのジレンマ』翔泳社。
16 クリステンセン (2001) p.9。クレイトン・クリステンセン，マイケル・レイナー (2003)『イノベーションへの解　利益ある成長に向けて』翔泳社。
17 一橋大学イノベーションセンター編 (2001) p.180。
18 古舘信生 (2003)「技術進化と企業の業績―写真フィルム産業とデジタルカメラ産業の競争の事例―」『商品研究』第53巻1・2号，pp. 1-10。
19 宮原諄二 (2005)『白い光のイノベーション　ガス灯・電球・蛍光灯・発光ダイオード』朝日新聞社。

20 自動車において，マツダがガソリンエンジンの効率アップ（スカイアクティブ・エンジン）によってハイブリッド車や電気自動車へ対抗している状況も帆船効果の例と言える。
21 アバナシー，クラーク，カントロー（1998）p.192では，「脱成熟化しつつある産業では技術的にマイナーなイノベーションであっても，競争のルールと必要な資源の性質を変えてしまうことができる。テクノロジーは，生産システム，戦略的計画，戦略目標，資源の利用についての既成概念を如何に打ち破るかによって，競争に与える影響度が異なるのである。」と述べられている。
22 白熱電球は演色性の良さで，白色蛍光灯はエネルギー効率の良さでどちらも使われ続けてきている。
23 東芝の照明事業は現在東芝ライテック㈱が行っているが，本書では東芝として記述する。
24 全光束 lm を消費電力 W で割った値を固有エネルギー消費効率という。
25 1983年に電子安定器とヒートシンク方式に関する発明が行われた。1983年に開発されたヒートシンク方式は2003年のパルックボールスパイラル以降，パルックボールプレミア，パルックボールプレミア Q で生かされている。
26 矢野経済研究所『マーケットシェア事典』によれば，LED 素子の国内市場シェアは2010年の段階で日亜化学工業が46.3％であり，豊田合成（11.9％），シチズン電子（6.9％），シャープ（5.9％），スタンレー電気（5.9％），ローム（5.6％）と続き，上位 6 社で82.5％の寡占度である。
27 日本経済新聞（2011年 2 月 3 日）記事「攻防デジタル市場」におけるパナソニック中島幸男アプライアンス・ウェルネスマーケティング本部長の言葉である。
28 LED 照明の記述については，2012年 4 月に行ったパナソニック㈱グローバルコンシューマーマーケティング本部でのヒアリングを参考にしている。
29 2010年 3 月に東芝ライテック，2011年 3 月に三菱電機オスラム，2012年10月にパナソニックが一般用の白熱電球の生産を終了している。
30 100W 電球の全光束は1,510lm であり，これに匹敵するものを LED では熱から回路を守れないため困難であったが，2012年 7 月に日立が放熱技術の改良で100W 相当の LED 電球を市場化している。
31 ただし，企業ごとに重点の置き方は若干異なっている。東芝は電球の形状に，パナソニックは電球の機能にこだわった開発をしているように思える。
32 初期の携帯電話の広告には，利用するシチュエーションとして自動車の後部座席やゴルフ場などが提案されていた。

3章 脱コモディティ化をめぐる商品開発

1 はじめに

　今日，産業界のグローバル競争環境の下で，情報ネットワーク化が進展し，常に，企業にとっては新たな競争が発生している。また，さらなる高度な技術革新も進展し，正に，現代商品を取り巻く競争環境の変化には目を瞠るものがあり，企業は，商品やサービス開発にしのぎを削っている。

　一般に，商品やサービスの市場における成熟度が高まるにつれて，次第にコモディティ化が進展してしまう。コモディティ化とは，商品やサービスが成熟して，ブランド間における差別化が困難となり，画一的な状態にあることを指す。楠木・阿久津（2006）は「ある商品カテゴリーにおける競合企業間で製品やサービスの違いが価格以外にはないと顧客が考えている状態」，また，延岡・伊藤・森田（2006）は「参入企業が増加し，商品の差別化が困難になり，価格競争の結果，企業が利益を上げられないほどに価格低下すること」と定義している。例えば，パッケージ商品は，ブランドが外されると，消費者は商品の違いを殆ど認識できない。商品を市場に投入した導入期の段階から撤退するまでのプロダクト・ライフサイクルの各段階では，当然それぞれの競争環境に基づく戦略が必要となるが，企業の技術水準や情報伝達のスピードなどに差異は少なく，市場ニーズのとらえ方も同様の状況となり，いわゆる企業の先発優位性を発揮する期間も短縮するのが実情である。そのため，各社が商品特性に応じた効果的な戦略は採用しにくく，次第に，企業の商品開発戦略は類似した

内容となるのが常である。

　成熟期において需要は飽和した状況となり，売上が鈍化し，競争が激化していく。こうした中で，多くの企業は新商品を開発する際に，より細かな差別化策をとり，市場はより細分化することになる。そして，市場細分化策が繰り返されると，セグメントの規模は一層小さくなり，そこから得られる収益活動も減少し，この段階では，商品の品質，機能・性能の側面での差別化も一段と難しい状態となる。企業は，低価格化路線を唯一の差別化の策として採用せざるを得ない状態に陥っていく。

　こうした市場の状態をとらえ，これまでも多くの研究者が製品開発論，イノベーション論，消費者行動論等々からコモディティ化に関わる議論を行っている。これらの議論には有益なものも多い。例えば，いわゆる市場競争における「可視性の罠」に嵌った企業の実態を論究した研究等である。しかしながら，本章での議論の中心は，特に，期待される新たな商品価値に着目している。いわゆる支配的デザインを超えた，「過剰品質となる機能の付加とは異なる，適正品質としての新たなサービス性の付加や使い勝手の改善により，新鮮な消費経験を得る」ことで，発揮される商品価値の創出に焦点を当て，脱コモディティ化のための幾つかの方策を考察することにある。

　そのため，改めてコモディティ化現象の課題を抽出し，次いで，従来の機能競争を超えた，新たな使い勝手の改善や高機能・性能を付加した商品事例を中心に考察をする。他方，ソリューションビジネスの観点に立ち新規の事業化への取り組みの中で，市場の競争状態を大きく塗り替え，新たな商品の登場で脱コモディティ化を図った活動も，実に多い。これらの考察に関しては，本章では省略するが，1章で新たな事業構想と商品開発の考察の中で，新規の事業化による脱コモディティ化の議論を行っている。

　さて，今日の激しい商品開発競争の下で，市場現象としての商品のコモディティ化を脱する手立てとして何が考えられるのか。一体，そのために何が重要となるのか。また，新たな事業展開においてどんな方策が，新たな商品価値を創造できうるのか。こうした課題に対して，現在の競争次元そのものを根本的に変化させる議論が必要と認識している。そのための基本に据えた論点は，1. 技術を蓄積して事業そのものの革新性を図ること，2. 市場のニーズを常に

反映し、弛まず商品機能そのものの革新性を図ることであろう。以下では、主としてこの2つの論点を踏まえて、脱コモディティ化のための商品価値創造の考察をする。

2 市場におけるコモディティ化現象とその課題

2-1 商品のコモディティ化現象

はじめに、コモディティ化の状態を把握するために、事例としてコンパクト型デジタルカメラ業界でのコモディティ化の実情を観察する。図3-1は関連する大手5社のシェア（2010年）状況である。

当該市場は、2010年の上半期に既に成熟期の段階にあると推測される。図3-2には、08年から高価格帯や中価格帯の商品の減少傾向に対して、低価格帯の商品の増加傾向が示されている。

さらに、図3-3では、下段の棒グラフが販売台数と販売金額の推移、折れ線グラフが平均単価の推移を示しているが、09年末から、販売台数は前年同月比を10％前後上回る高水準で推移しているにもかかわらず、販売価格は前年同月比を下回っている。つまり、1台あたりの単価が下がり、平均単価は2万円を大きく割りこみ1万7,800円に低下している。

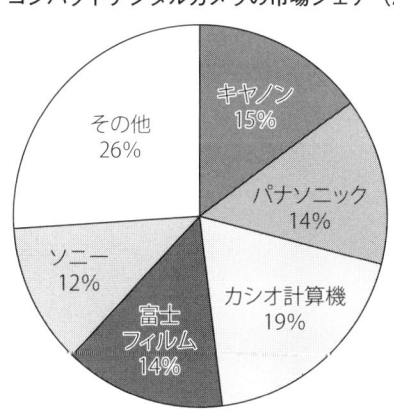

図3-1 コンパクトデジタルカメラの市場シェア（2010年）

（出所）日経産業新聞に基づき作成。

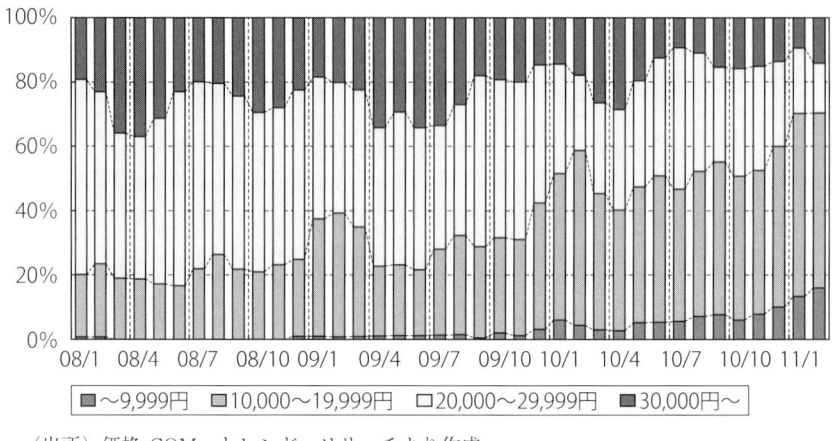

図3-2 「デジタルカメラ」カテゴリーの売れ筋価格帯推移

凡例: ■～9,999円　■10,000～19,999円　□20,000～29,999円　■30,000円～

（出所）価格.COM　トレンド・リサーチより作成。

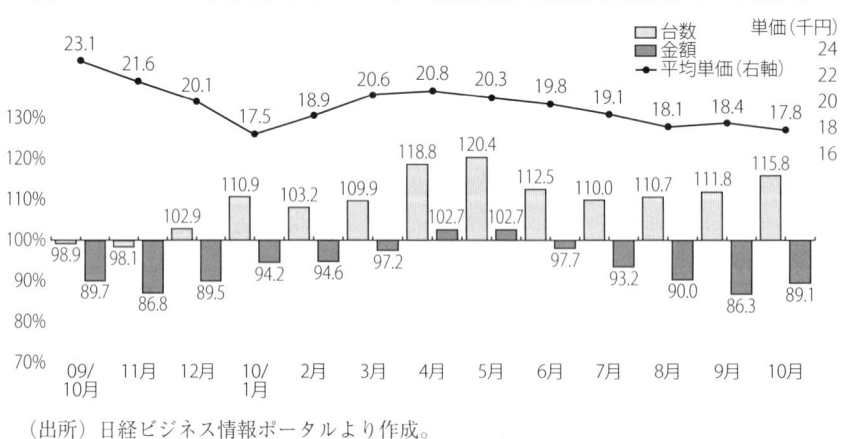

図3-3　コンパクト型デジタルカメラの販売台数と金額前年同期比，平均単価推移

凡例: □台数　■金額　―●―平均単価（右軸）　単価（千円）

平均単価（右軸）：23.1, 21.6, 20.1, 17.5, 18.9, 20.6, 20.8, 20.3, 19.8, 19.1, 18.1, 18.4, 17.8

台数：98.1, 102.9, 110.9, 103.2, 109.9, 118.8, 120.4, 112.5, 110.0, 110.7, 111.8, 115.8

金額：98.9, 89.7, 86.8, 89.5, 94.2, 94.6, 97.2, 102.7, 102.7, 97.7, 93.2, 90.0, 86.3, 89.1

月：09/10月, 11月, 12月, 10/1月, 2月, 3月, 4月, 5月, 6月, 7月, 8月, 9月, 10月

（出所）日経ビジネス情報ポータルより作成。

　以上の状況から，コンパクトデジタルカメラの市場は既に成熟期を迎え，商品競争の状態はコモディティ化現象に陥っているといえる。

　こうした中で，10年1-3月期には，各社が競合他社との差別化を図るために新機種数を発売しているが，その合計は53機種にも達している。しかし，各社の商品を比較しても機種間に僅かな違いしか見い出せない。また，技術的な

個々の改良も一定水準に至り支配的デザインが確立しつつあり差別化の次元は，価格による可視性が高い状況となっている。楠木（2006）は価値次元の可視性に影響を与える要因としては，特定可能性（specifiability），測定可能性（measurability），普遍性（universality），安定性（stability）の4つを挙げ，これらの要因に左右され，製品やサービスによって変わると，指摘している。その上で，特定の業界や製品でも価値次元の可視性は，一定でなく，この価値次元の可視性のダイナミクスがコモディティ化とは何かを理解するうえで重要な意味を持っている，と指摘する。

一般に，消費者がデジタルカメラを購入する際に，画素数やズーム数から選択する。ところが，キヤノン，パナソニック，そして，ソニー3社の商品から見てみると，機能の特徴はかなり類似している。が，1,410万画素と1,210万画素のような技術の差異を，消費者が理解し，果たして商品の差異化がわかるだろうか。

つまり，こうした段階の商品化の状況では，技術が平準化され，各社にとって有効な差別化策が価格でしか差異化を表現できなくなっているのだ。価格.COMのデータを見ると，これらの商品の価格は，半年後にほぼ発売価格の半分に値下げされ，多くの商品は早期に生産終了となった。結局，企業の望ましい継続的な収益にもつながらず，また，消費者に新しい価値を創出することもできず，確実にコモディティ化現象に陥っているといえる。

コモディティ化現象に陥ると，メーカーの採算性が悪化し，消費者への商品特性を生かした品質の良さを伝えるメッセージが不鮮明となる。メーカーの価格設定の力は失速し，多くの場合，小売企業主導の価格設定となり，メーカーが低価格戦略に陥らざるを得ずますます収益が鈍化してしまう。つまり，商品のコモディティ化は市場において多くのマイナス要因を生むこととなる。コンパクトデジタルカメラ市場の商品競争状態は，成熟段階での典型的なコモディティ化現象にあり，市場では低価格化競争が先行している状況といえる。

2-2　コモディティ化の3つの論点

一般に，市場の成熟化が進み，コモディティ化現象に埋もれている業界が多く，脱コモディティ化は，多くの企業にとって無視できない深刻な課題である。

メーカーは，ライフサイクルにおいて，特に成長期以降では商品がコモディティ化に陥らないように，消費者のニーズを探求し，競合他社の商品に対して有効な差別化策をとり，価値ある商品を市場に投入することが意義ある戦略のはずだが，それが，なかなか困難なのが実情である。楠木（2006）他の研究でも指摘される通り，いわゆる低価格化策に陥りやすいと指摘される。

また，Chirstensen ら（2001）は，「複数の商品が性能指標に対する市場の需要を満たすと，商品は市況商品になる」と指摘した。では，企業にとって，何らかの有効な策がないのだろうか。筆者らは，コモディティ化を避けるために，過剰品質ではないかと疑うような機能競争ではなく，使い勝手の改善や新たな機能を付加することで，魅力的な商品としての価値を高め，確実に差異化を図り新たな商品価値を再提示する，いわば高機能に裏打ちされた，価値創造型の戦略をとることの有効性の重要性を指摘している。石井も（2010），「過剰品質になると，性能を改善しても，消費者は反応しなくなり，収益性が悪くなる。コモディティ化が進むといわれる現代において，ものづくりだけを志向した経営の限界がささやかれ，「価値づくりの経営」への転換が要請される」と指摘している。

では，コモディティ化した商品市場で，ますます競争状態が激化し，低価格競争という負のスパイラルに陥った現象を如何に打破するのか。その答えとして，第一に，画期的な技術開発の効果があることは，疑う余地もない。例えば，消費者に身近なインスタント麺の袋麺市場で，優れた生麺化の技術革新により，長年需要が伸びや悩む状況にあった，正にコモディティ化の状態であった即席袋麺の市場が大きく活性化に至った。東洋水産㈱の「マルちゃん正麺」を実現した画期的な技術「生麺うまいまま製法」で，消費者の即席麺の美味しさを改めて認知させ得る画期的な品質の良さを提案し，塗り替えた。2011年11月の発売以来，発売1年で累計出荷数量2億食，販売金額200億円を達成し，市場は大きく活性化し市場構造も変化している。その後，他社も生麺志向の商品化に大きく舵を切り，新製法を駆使した競争にしのぎを削っている。

さて，こうしてコモディティ化現象が進行する市場状況を，図3－4に示す。
時間の経過に沿って説明しよう。導入期においては，企業の技術は未熟であり，商品は基本的な機能しか装備していない。企業と消費者の間では情報の共

3章　脱コモディティ化をめぐる商品開発　61

図3－4　プロダクト・ライフサイクルにおけるコモディティ化，技術の高度化

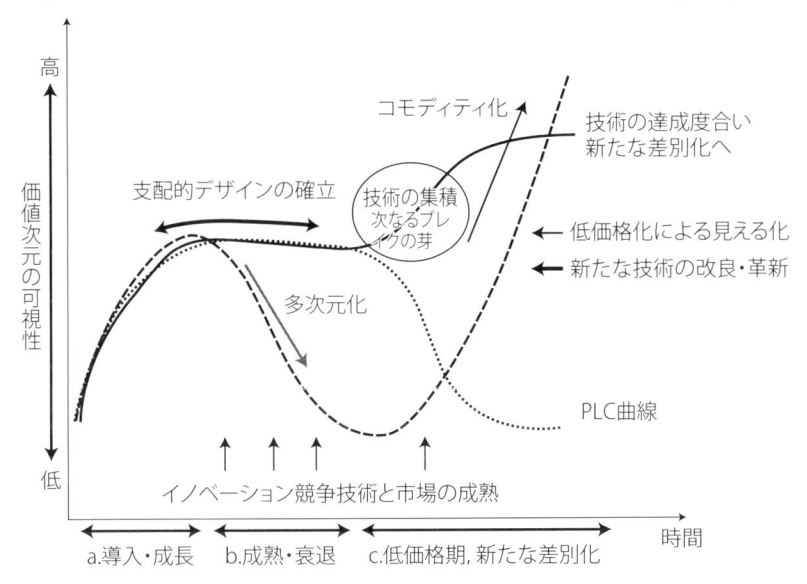

[図：縦軸「価値次元の可視性（高～低）」，横軸「時間」。区分はa.導入・成長，b.成熟・衰退，c.低価格期，新たな差別化。曲線と注記：「支配的デザインの確立」「コモディティ化」「技術の集積　次なるブレイクの芽」「多次元化」「技術の達成度合い　新たな差別化へ」「低価格化による見える化」「新たな技術の改良・革新」「PLC曲線」「イノベーション競争技術と市場の成熟」]

（出所）楠木（2006）「次元の見えない差別化　脱コモディティ化の戦略を考える」
　　を踏まえ，技術の論点を加え修正し作成。

有化も実現していない。いわば，初期採用者だけが，基本的な知識を理解している。価値次元の可視性は極めて低い状態といえる。次いで成長期になると，企業の技術が進歩し，商品の機能・性能も向上してくる。消費者が学習を通して徐々に商品の価値を認めるようになる。企業は，より多くの消費者と情報を共有できる段階に入っている。特定の少数の価値次元による差別化によって，価値次元の可視性が上昇している状態である。

　次第に，市場は成熟し，技術がより一層高度化し，その上で，技術の平準化状態に近づく。企業は差別化を図るために，多様な機能を商品に付加し，「価値の多次元化」を試みるが，企業や消費者にとっては，逆に，価値の可視性が低下する傾向となる。いわゆる，支配的なデザインが確立される段階に至る。

　しかし，これらの商品属性をめぐり，機能の付加や性能の向上等の動きが続き，ついには過剰品質に陥り，多くの次元で差別化を行ったため，価値次元の可視性が再び上昇し，競争が激化している。しかしながら，コモディティ化に

至る寸前の段階では，技術の側面について考えてみると，逆に，技術水準は，高いレベルに到達していることになる。これが，次なる新たな技術の改良やイノベーションへとつながることになり，技術集積の結果が，さらなる新たな差別化を測る潜在性を秘めている状態と考えられる。ただし，多くの企業は，技術集積の段階が長期間停滞し，商品は同質化した過剰品質の状況に陥るばかりで，消費者にとっても，過剰な品質競争の下では，何が本来必要な価値なのかすら，もはや認識できない状態となる。

こうして，折角，企業が創意工夫を施したはずの商品の差別性の意味は消失し，企業は，唯一の差異化手段として価格競争を行い，市場においてコモディティ化現象が発生していく。ただ，先にも指摘したが，図3-4では，技術の集積の円の中には次なる新たな差別化を図るための，商品の機能革新の芽があることを，もっと企業は注意を図る必要があることを示している。

ものづくりに関して，技術とコモディティ化のかかわる議論では，さらに多様な議論がなされている。例えば，モジュール化の論点から，製品構造の共有化と連動して規模の経済性の実現，異業種の企業間競争の可能性と新規参入の容易性，それは技術革新も促進するプラスの面と，モジュール化が水平分業を促進し，逆に，技術の向上やコストの低下が，コモディティ化を加速するというマイナスの面があるとの指摘等である。

コモディティ化現象を打破するために，価値を獲得（付加価値の創造）しなければならない。価値の獲得にとって重要なのは独自性と差別化である。その手法について，①モジュールで価値獲得，②アッセンブル（製造・組立だけではなく，製品開発におけるシステム統合も含む概念である）で価値獲得，③両方での価値獲得の3つの方法等も提示されている。しかし，企業にとって，部品の技術力をうまく活用して，単なる組み合わせでないすり合わせの価値を創造する戦略は中心戦略であるという指摘もある。

延岡（2010）は，技術経営にものづくりの技術経営と価値づくりの技術経営があると提示した。ものづくりの経営は，機能・品質が優れた商品を低コストで開発・製造することを目的とする。革新的な技術開発だけでなく，効率的で優れた組織プロセスも必要である。一方，価値づくりの経営は，経済的な価値を創造することを目的とする。顧客にとっての価値（便益）から，それを開

発・製造するために必要とされた投資・コストを差し引いたものが，企業が創造した経済的な価値である。

目下の日本の半導体や電子，情報機器の企業の現状を踏まえてみると，ものづくりと価値づくりの相関関係が複雑になって，優れたものづくりが価値の創出に結びつかなくなっているという課題がある。こうした状況から，現在，産業界において，価値づくりの技術経営が特に重要になっているとの指摘も多い。

さて，ここで，コモディティ化現象に陥った企業の4つの課題を簡潔に整理しておこう。

1. 競争が同質化していること
2. 意味のない過剰品質競争に過剰にこだわっていること
3. 技術が平準化していること
4. 可視性を追求するあまり過剰な価格競争に陥っていること

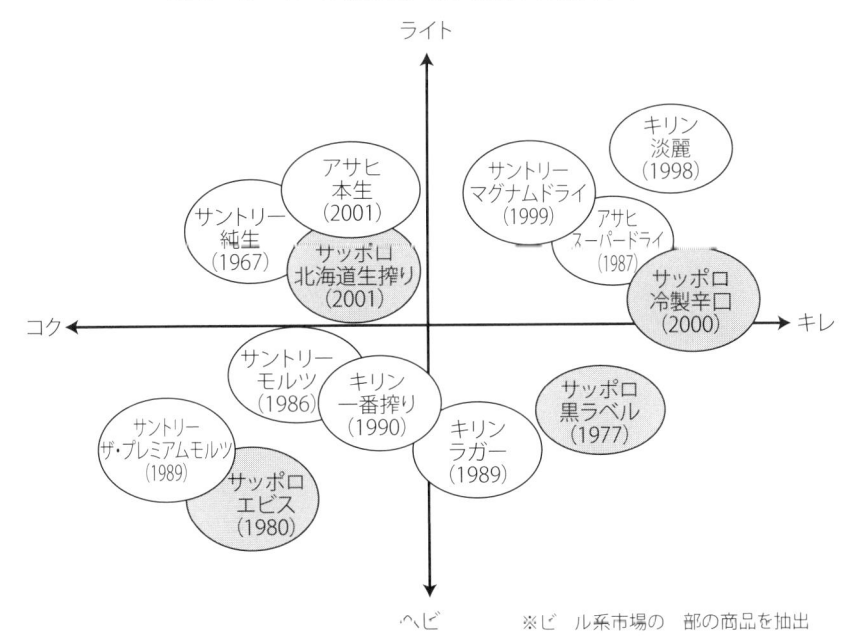

図3-5　ビール系市場における各社の商品ポジション

(出所) 日経コンストラクション「必勝マーケティング講座」(電子版データ)に基づき作成。

正に，これらは，コモディティ化現象の悪循環ループに陥っている状況といえる。

2-3 市場における商品のカニバリゼーション

では，次に，先の4つの課題を抱えていると推測されるビール系市場の競争状態を見てみよう。図3-5は，ビール系市場の商品ポジショニングを示しているが，成熟段階にあるビール系市場では，各社により実に多くの商品投入が続いている。多様な商品が登場している背景には，自ずと商品が棲み分けされて市場化されていると予想される。しかしながら，各社の商品ポジショニングを見れば，確かに，一部には商品特性を発揮する商品とも窺えるが，その多くはかなり類似したポジションとなっているのが実態である。詳細に各社別の製品ラインを見れば特徴は分かるかもしれないが，市場全体に位置付けると，そこでは商品ラインの構成，新ジャンル商品群等々，いずれも，各社の商品ポジションには明確な区別や差別化があるとは言い難い。その結果，商品間のカニバリゼーションが生じ，却って，折角の新商品の導入が既存商品の売上減少につながり，市場シェアの奪い合いが激化する。このように同質商品が多くなれば，消費者にとっても商品選択の魅力も半減し，当該カテゴリーに対する需要も減少傾向となろう。従って，商品ポジションの重なりは，コモディティ化現象を加速し，正に，市場のマイナス要因となるだけではないだろうか。

しかしながら，他方でライフサイクルの成熟段階でコモディティ化に陥りやすい状況の下でも，先の画期的な技術革新ではない，地道な使い勝手の提案等の商品の改良や改善により，新たな機能性を発揮することで従来の機能競争を超えた感動を与える商品化の事例も観察される。消費者は，明確に，その商品の新たな意味性や差異化を認識できているのだろう。つまり，過剰品質となる機能の付加ではなく，新たな使い勝手の改善や高機能・性能等，意味ある商品の機能性や仕様変更等で，商品としての優位性を獲得している商品開発が，確実に展開しているのだ。

先行研究においても，同質化競争や過剰品質等は，コモディティ化現象に陥る原因と指摘している。例えば，藤川（2006）は顕在化ニーズを満たすための商品開発は，比較的に容易であるため，企業が同じ方向に努力すればするほど，

コモディティ化を招いてしまうと指摘する。また、栗木（2009）は、技術革新や知識が高度化すれば、最終的に商品の機能や品質は消費者のニーズを上回る水準に達し、消費者が相応する対価を支払ってくれないことはコモディティ化の原因であると指摘する。さらに、Schmitt（1999）は、消費者行動と購買状況の分析においてより社会的コンテクストからアプローチするスタンスで「経験価値」から接近する論点を提唱しているが、「経験価値とは、出会い、経験、様々な状況下で生活してきたことの結果として生まれる」とし、段階的に高まる価値創造の仕組みを論じ、新たな商品価値創造へのヒントを指摘している。

　これらの研究成果の指摘も考察する際の論点と加え、先に提示したコモディティ化の実態が抱える4つの課題を踏まえ、改めて、以下に3つの論点として整理しておく。

(1) 従来までの同質な技術開発やその進化が行過ぎた結果、商品の品質が過剰品質に陥り、価値創造が行き詰り、限界が発生する。
(2) 商品間競争において、同セグメント内に、商品のポジションが重なってきてしまうこと。
(3) 消費者が機能競争を過剰視して求めるあまり、一方で過剰品質を歓迎するリスクも孕んでしまうこと。

2-4　打開策として注目する3つのアプローチ

　上の3つの論点に対して、幾つかの打開のアプローチとして、次に、注目する対応を提示する。

1. 商品に情報、アイディア、サービスを加え、新しい機能・性能価値を実現することで、脱コモディティ化を図る。
2. 消費者にとって新たな商品の経験価値を高めることで、脱コモディティ化を図る。
3. 複数ビジネスの事業間連携を実現することで、脱コモディティ化を図る。

　ここで、3は、1と2とは次元が異なる。今日の企業における技術競争や事業化競争の実情を踏まえれば、次第に、商品間の差異化が難しくなる中で、商品単体の議論を超えた新しい事業展開の中での新たな商品価値形成という側面も見逃せないと考えられる。既に、同種の事業内の需要は飽和し、競争が激化

しているため，新たに他のビジネスと連携することで，新しいビジネス価値，商品・サービス価値を生む方法が必要となろう。つまり，戦略的で有効な新規事業の創出や商品の共同開発等によって，新たな商品価値の創造を図ることを想定した対応が3である。

以上，打開策としての掲げたアプローチの考察のために，3節では具体的な事例に基づき，脱コモディティ化の検証を行う。なお，扱う事例は，技術革新が目覚しい進展をしている文房具業界の中からプラス㈱「裏から見えない修正テープ」の商品開発事例を取り上げる。

3　脱コモディティ化へのケーススタディ
――プラス㈱の「裏から見えない修正テープ」の事例――

プラス㈱は，1948年に文房具の卸売業を主事業に設立し，その後，オフィス家具，インテリア，事務用品，幅広い商品分野に拡大した製造販売を展開する企業である。2011年1月25日に発売された「裏から見えない修正テープ」は，消費者情報の保護を重視する新たな社会性を背景に開発された，より利便性の高い機能を発揮する文房具の1つである。

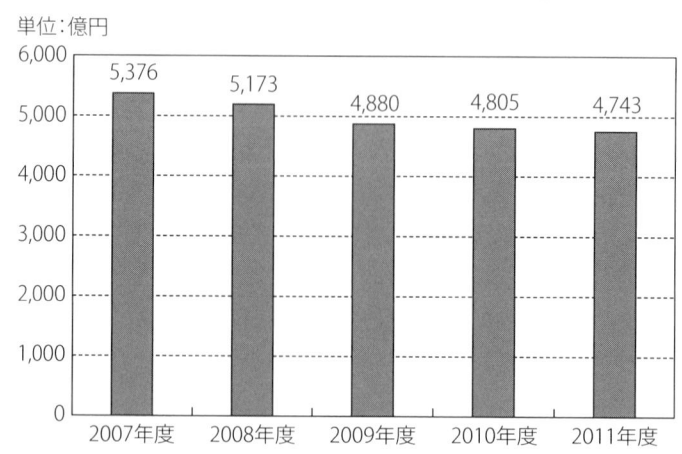

図3-6　国内文具・事務用品市場規模推移

単位：億円

年度	市場規模
2007年度	5,376
2008年度	5,173
2009年度	4,880
2010年度	4,805
2011年度	4,743

（出所）矢野経済研究所「文具・事務用品市場に関する調査2011」より作成。

表3-1　文具・オフィス用品各社の売上高（2010年）

企業名	売上高（単位：億円）
コクヨS&T	2,618
プラス	1,015
パイロットコーポレーション	693
マックス	544
三菱鉛筆	521
ぺんてる	350
キングジム	295

（出所）東洋経済新報社『会社四季報 業界地図2012』に基づき作成。

ここで，はじめに文房具を取り巻く市場の概要について，さらに修正テープ市場状況から競争状態を確認することにする。

3-1　文房具商品の市場動向，修正テープの状況

現在，文房具市場は，コモディティ化した市場といえる。矢野経済研究所の「文具・事務用品市場に関する調査2011」によれば，10年度の国内文具・事務用品の市場規模は，前年度比1.5％減の4,805億円と推計される（図3-6）。業界では，流通在庫やオフィス内に滞留していた文具・事務用品在庫が削減される等，在庫調整も進み，需要減に底打ち感も出てきたといわれている。そうした中，各社は，法人向け商品に比べ，パーソナルユース商品が高単価で展開できるとの理由から，パーソナルユーザーを意識した商品開発に注力している状況にある。

次いで，現在，国内文房具市場における各社の売上高を表3-1に示すが，コクヨとプラスが2雄という状況である。

また，経済産業省「生産動態統計（繊維・生活用品統計）平成22年」によれば，近年，修正テープの出荷額が減少の状況であることが窺える（表3-2）。

残念ながら，修正テープの各社のシェアを示すデータはないが，インタビューの結果（2011年7月プラス㈱に実施），修正テープ市場シェアの上位3社は1.㈱トンボ鉛筆，2.プラス㈱，3.㈱パイロットコーポレーションという状況で，国内文具市場のシェア動向と同じとの回答を得ている。

表3－2 修正テープの生産・出荷の動向

修正テープ（10）　　　　　　　　　単位：千本
Correction tapes　　　　　　　　Unit: 1000number

年	月	生産数量 Production Quantity	受入数量 Receipt Quantity	出荷数量 Shipments Quantity				在庫数量 Inventory Quantity
				計 total	販売 Sales		その他 Others	
					数量 Quantity	金額（百万円）Value (Million yen)		
平成16年		16,513	72,662	86,941	86,792	7,707	149	8,656
17		14,242	78,926	90,824	90,801	7,466	23	11,036
18		10,175	73,633	83,838	81,235	6,984	2,603	9,355
19		6,174	77,606	84,083	83,991	6,925	92	9,219
20		3,808	68,113	73,018	72,719	6,391	299	8,111
平成18年度		8,896	71,602	79,417	79,265	6,886	152	9,354
19		5,490	76,569	82,445	82,308	6,845	137	8,958
平成20年	1〜3月	927	17,562	18,748	18,687	1,622	61	8,958
	4〜6月	1,166	17,841	19,111	18,958	1,656	153	8,844
	7〜9月	764	17,244	18,779	18,724	1,638	55	8,074
	10〜12月	951	15,466	16,380	16,350	1,474	30	8,111
平成20年	1月	243	5,823	6,328	6,328	555	－	8,956
	2月	345	5,901	6,233	6,213	549	20	8,968
	3月	339	5,838	6,187	6,146	518	41	8,958
	4月	672	6,228	6,911	6,910	607	1	8,936
	5月	258	5,765	5,933	5,801	495	132	9,026
	6月	236	5,848	6,267	6,247	554	20	8,844
	7月	216	6,152	6,468	6,446	559	22	8,745
	8月	245	5,654	6,444	6,428	542	16	8,198
	9月	303	5,438	5,867	5,850	537	17	8,074
	10月	326	5,168	5,944	5,938	543	6	7,624
	11月	316	4,719	5,029	5,026	442	3	7,630
	12月	309	5,579	5,407	5,386	490	21	8,111

（出所）経済産業省「生産動態統計（繊維・生活用品統計）平成22年」より。

3-2　コモディティ化する修正テープの商品市場

　修正テープ市場の状態，また後述するプラス㈱製の商品と他社製品の状態を比較するために，㈱トンボ鉛筆，㈱パイロットコーポレーション，コクヨS&T㈱の各社の修正テープの商品特徴を抽出し整理したものが，表3－3である。

　表3－3から，他社製の商品特徴として，主に，外観のデザイン，紙面との密着度，テープの長さ，コンパクトに収納しやすい等の機能をアピールしていることが分かる。つまり，各社の商品の状態は，もはや差別化の余地が少ないこと，大方が類似した商品特徴を示していること等が窺え，市場は成熟段階に到達し，商品はコモディティ化している状態といえよう。

3-3　プラス㈱の修正テープの事業展開，商品の特徴

　プラス㈱は，1995年5月にベトナムにビエンホア工場を設立し，主として修正テープ，テープのり，紙製ファイル，PPホルダー，PPファイル，ホッチキスなどの生産を開始した。その後，2009年1月にベトナムでの第二工場を設立し，現在，ホッチキス針やクリップ類などの金属文具の生産を行っている。

　前後するが，自社工場を持たなかった1992年12月に，「ホワイパーⅠ」(協力工場で生産)を販売し，その後，多くの修正テープを市場に商品化し，現在では11種類の商品販売を展開している。

　表3－4に，現在販売しているプラス㈱製の修正テープのラインナップならびに商品の特徴を示す。

　ここに挙げた商品には，プラス㈱が保有する独自の技術を商品に応用して展開するもので国際特許を取得したものも多い。

　例えば，同社製の修正テープで使われる「ミニローラーヘッド」は，02年に開発し，既に米国で特許を取得している技術であり，さらに，現在，世界6カ国で出願中である。

　また，同社製のノック式の修正テープで使われる「クッションヘッド機構」は，修正時にヘッドにかかる圧力をコントロールし，極細の箇所の修正も可能とした細やかな技術である。

　さらに，同社製の「トルク機構」は，修正テープの剥がれや使い終わりにつ

表3－3　修正テープ商品の特徴

― ㈱トンボ鉛筆，㈱パイロット，㈱コクヨS＆Tの3社製について―

社名	トンボ鉛筆		パイロット		コクヨ	
商品名 （発売順）	商品名・価格	商品特性	商品名・価格	商品特性	商品名・価格	商品特性
	モノCT-CC 210円 6メーター	・コンパクトボディ，持ちやすい。 ・収納しやすいため，開閉式ヘッドカバーが付いている。 ・手ブレ補正のヘッドはテープの密着不良を防止できる。	ホワイトラインノック 210円 6メーター	・ノック式で，収納しやすい，すぐ使える。	ケシピタ 315円 10メーター	・二段可動のDUAL HEADを採用することにより，引きやすさときれいに修正できる。
	モノCC-5C 210円 6メーター	・持ちやすい厚さがありながらコンパクトである。 ・開閉式ヘッドカバーは汚れなく，収納しやすい。 ・手ブレ補正ヘッドはテープが紙に密着しやすい。	ホワイトライングリップ 210円 10メーター	・コンパクトで，スリムなボディのデザイン，そして，グリップも付いているので持ちやすい。	ケシピコロング 525円 26メーター	・26メーターの業界最長テープである。 ・二段可動のDUAL HEADを採用することにより，引きやすさときれいに修正できる。 ・デュアルボディの新機構を採用し，テープを引く時の力を利用し，前後ボディのロール間に張られたゴムを緩ませ，最後まで滑らかに使える。
	モノPXN 630円 6メーター	・後ろから引き抜くだけで，詰め替えできる。 ・グリップが付いているので，握り心地がよい。 ・内部メカとケースを完全に独立しているので，安定に作動できる。	ホワイトラインノックR 262円 6メーター	・ノック式で早く修正できる。収納も便利である。	ケシピタミニ 210円 6メーター	・業界最小のボディである（2006年）。 ・本体透明なカバーを開閉できるデザインなので，お好みの写真など入れるのが可能である。 ・首振りヘッドで，先端部分が紙面と密着できる。保護キャップが付いている収納便利である。

3章 脱コモディティ化をめぐる商品開発　71

	モノPGX 241円 6メーター	・新しい弓形形状が持ちやすい。 ・後ろのボタンを押すだけで，詰め替えができる。 ・手ブレー補正ヘッドが付いている。 ・ヘッドカバーも付いている。	ホワイトラインスーパー再生紙用 367円 10メーター	・テープは再生紙を使用したので，白色度を70%に抑え，修正したところが目立たない。 ・後ろのカバーを押すだけでテープを詰め替えできる。		
	モノPS 252円 6メーター	・テープムーバーが付いている。消し間違いの場合や一時的に隠す場合に便利である。 ・ペンタイプで，持ちやすく，収納もしやすい。 ・手ブレ補正のヘッドが付いている。	ホワイトラインスーパー 367円 10メーター	・後ろのカバーを押すだけで，テープを詰め替えできる。		
	モノYS 294円 10メーター	・テープを90度ひねることで，横の方向へ引きやすい。 ・手ブレー補正ヘッドが付いている。 ・スライドヘッドカバーが付いているので，収納しやすい。 ・スリムボディは持ちやすい。				

（出所）㈱トンボ鉛筆，㈱パイロット，㈱コクヨの各社ホームページより作成。

表3-4　プラス㈱の修正テープ商品ラインナップ

・商品名 ・価格 ・テープの長さ	ホワイパーV 525円 10メーター	ホワイパーエコ 367円 7メーター	ホワイパーミニ 262円 7メーター
商品特性	・ワンタッチの交換式で便利である。 ・本体のケースの開きを防止するためロック機構が付いている。 ・スライドキャップ機構が付いているので、先端を保護でき、収納しやすい。 ・巻き取りギアがあるため、たるみがあったら、すぐ直せる。	・環境に配慮するため、小型化にし、廃棄する部分を最小限に抑えている。そして、ケースは100％再生樹脂を使用している。 ・修正後にすぐに書き込みできる。	・本体を小型にし、携帯が便利である。 ・薄膜テープ素材を採用しているので、小さい本体にも7メーターのテープを収納できた。 ・本体が再生樹脂を使用している。
・商品名 ・価格 ・テープの長さ	ホワイパーミニローラー 262円 6メーター	ホワイパープッシュプル 315円 12メーター	ホワイパープチ 210円 6メーター
商品特性	・ミニローラーのヘッドがテープを紙面にもっと密着、滑らかに修正させる。 ・引いても、押しても修正できる。 ・テープを交換する時、本体を両方に引っ張るだけでできる。	・ミニローラーを使用するため、引いても、押しても、滑らかに修正できる。	・消しゴムの大きさに小型化にし、携帯しやすい。 ・ミニローラーを使用している。 ・首ふり機構を採用している。 ・収納式キャップが付いている。
・商品名 ・価格 ・テープの長さ	ホワイパースライド 315円 10メーター	ホワイパーパル 231円 6メーター	ホワイパーフレックス 294円 12メーター
商品特性	・テープ巻き取り機構が付いている。テープがいつも張っている状態にある、たるみが発生しにくい。 ・スライドノブが付いているので、テープのたるみが発生しても、補正できる。収納も便利である。 ・テープが交換しやすい、廃棄量も抑えている。	・クッションヘッド機構の採用により、修正する時に、ヘッドにかかる圧力をコントロールできる。 ・スムーズトルク機構を使用するので、テープの引きが重くなる現象を解消できる。 ・新ミニローラーヘッドを使用する、修正位置がよりわかりやすい。	・新ミニローラーヘッドを使用している。 ・横ズレや蛇行を低減する首振りを組み合わせた機構であるフレキシブルヘッドを採用しているため、修正ミスを低減できる。 ・新しい形状で横引きをやりやすい。 ・引いても、押しても修正できる2WAY機能も付いている。

・商品名 ・価格 ・テープの長さ	ホワイパーラッシュ 262円 6メーター	裏から見えない修正テープ 315円 10メーター	
商品特性	・テープの上に文字を書くと，素早くインクを吸収できる。 ・ノック式のペンタイプで使いやすい。 ・ミニローラーを使用するため，滑らかに修正できる。	・従来の修正テープの白色層の下に特集パターンを印刷し，修正前の文字を裏面から読み取りにくい。 ・テープ巻き取り機構が付いている。テープがいつも張っている状態にある，たるみが発生しにくい。 ・スライドノブが付いているので，テープのたるみが発生しても，補正できる。収納も便利である。 ・テープが交換しやすい，廃棄量も抑えている。	

（出所）プラス㈱のホームページより作成。

れて，次第にテープの引きが重くなる現象を解消するものである。

　こうした個々の技術の蓄積は，同社製の商品開発で，大きな役割を果たいる。例えば，「ミニローラーヘッド」の技術は，「裏から見えない修正テープ」にも採用されている。また，多くの特許に裏付けされた技術は，プラス㈱の商品の信頼性を高め，他社商品に対して，競争優位性も構築してきたといえるだろう。

3-4 「裏から見えない修正テープ」の商品開発

　この商品は，今日の消費者情報の漏えいを危惧し，消費者情報を保護することに特化した商品として，新しい機能性を明確なネーミングで示す商品である。裏から見えない機能を商品に付加することで，消費者に安心感を与え，使い勝手の良さを感じさせる。従来の一般的な修正機能だけでなく，消費者の潜在的な使用シーンの課題を検討し，修正テープを引っ張る時の滑らかさや利き手でなくても使いやすいといった使い勝手の改善を通して，消費者に新しい感動をもたらし，安心感という感覚を新たな消費価値として創出した，身近な脱コモディティ化を図る事例の１つであろう。新たな適正な品質としての機能・性能

を付加し，それにより安心して商品を使用するという経験価値を与えた商品例ともいえよう。

　2節で議論した，1．競争が同質化していること，2．商品開発において意味のあまり感じられない過剰品質競争にこだわりすぎていること，3．技術が平準化していること，4．行き過ぎた価格競争に陥っていること等を考えれば，目下，他社製の商品の多くは，こうした状態であるといえるだろう。そのため，低価格で販売されるものも多く，価格競争が激化しているのが実情である。こうした状況に対して，プラス㈱の戦略は，新たな機能性の付加を実現して，具体的に消費者が実感できる機能性と安心感で差別化し，商品価値を高めた開発である。

　「裏から見えない修正テープ」の商品自体の詳細な説明はここでは省くが，本体の色と幅の違いにより，ピンク（4.2㎜），ブルー（5㎜），グリーン（6㎜）の3種類があり（希望小売価格：本体315円，交換用189円），発売後約4ヵ月で，およそ20万個を出荷したヒット商品である。

　そもそも，開発者のアイディアは，プラス㈱のスタッフたちの昼食時の会話のから誕生したという。その後，社内で135名を対象に「修正テープで消した後，紙の裏から文字や内容が見えることに不安感を感じているか」というアンケートを行った結果，図3－7に示すように，「いつも不安に感じている」は15人（11％），「時々不安を感じる」は61人（46％），「あまり不安に感じない」は47人（35％），「まったく不安に感じない」は4人（5％）で，不安を感じる人が半数以上に達する結果を得た。その後，グループ企業「ASKUL」やリサーチ会社「メールマガジン」などの他のチャネルでの消費者アンケートも重ね，市場の確かなニーズを見越して商品開発に至った商品，という。

　また，「裏から見えない修正テープ」は，同社の先行する商品「ケシポン」の技術を修正テープと結合した商品でもある。従来の修正テープとの違いだが，裏から見えない修正テープは，テープの裏側は白いテープではなく，「ケシポン」に採用されていた特集パターンが印刷されている。しかし，ケシポンの特殊文字パターンをこの修正テープの裏に使用することは決して簡単なことではなかった，という。そのため，開発者たちは，図3－8の示すように，裏が見えない修正テープでは，3層構造のテープの開発に取り込むこととなったとい

図3-7　紙の裏から文字や内容が見えることの不安感

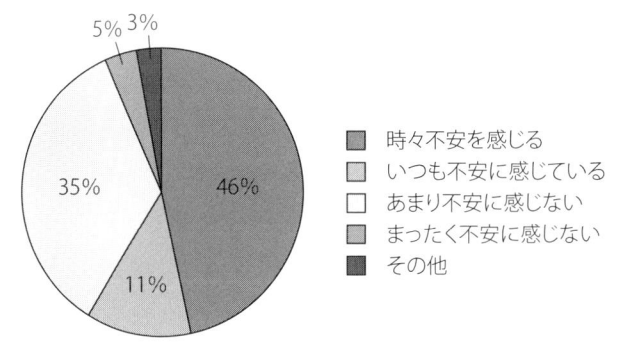

- 時々不安を感じる 46%
- いつも不安に感じている 11%
- あまり不安に感じない 35%
- まったく不安に感じない 5%
- その他 3%

（出所）プラス㈱ホームページより作成。

図3-8　プラス㈱の修正テープ「3層構造」

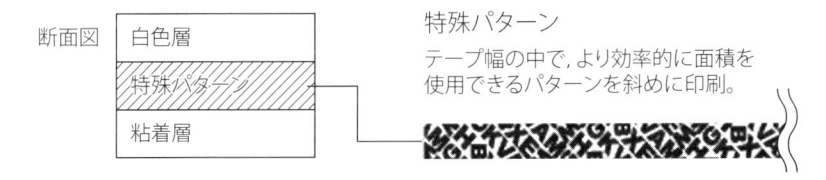

断面図：白色層／特殊パターン／粘着層

特殊パターン
テープ幅の中で，より効率的に面積を使用できるパターンを斜めに印刷。

（出所）プラス㈱ホームページより作成。

う。

　さらに，この3層構造では，当初，3つの層はうまく結合したが，特殊パターンの層は色見が濃すぎて，白色層から透けて見えてしまい，白色層が暗くなり過ぎる等，従来の修正テープでは，通常，開発の際の微調整は1カ月程度だそうだが，裏から見えない修正テープの場合は，これらの課題を解決するため，3倍の3カ月も費やし白色度を何度も調整する等，開発の苦労話もあったようだ。

　また，本商品は，同社の「ミニローラーヘッド」と「テープ巻き取り機構」を採用している。「ミニローラーヘッド」を採用することで，使用時の滑らか感，紙面と密着し横ズレも防ぐことができるという。しかも，通常，修正テープは，引いて修正する方法だが，この「ミニローラーヘッド」は，本体を反転

させ，文字を見ながら押して修正する仕組みである。これにより，他社商品と比べ，使い勝手のよさを実感させることにつながった。

　修正テープを使用の際にはテープのたるみが出たりするが，独自技術の「テープ巻き取り機構」の採用で，スライドノブを動かすと，余分なテープを巻き取り，たるみも補正でき収納も便利になった。「ミニローラーヘッド」の技術と併せ，さらに便利な利き手使用も実現し，消費者に実感できる感動も与える。

　プラス㈱は，同セグメント内に，敢えて，新しいコンセプトによる商品領域を開拓したといえよう。独自の「ケシポン」技術の強みを生かし，「安心感のある修正テープ」という新たな商品ポジションを作り，他社との差別化を図っている。

　もちろん，他社商品と同様に，ボディの大きさ，形の握り心地，紙面との密着度，テープの長さ，収納しやすさなどの機能性能の面でも，新たな技術でより良い機能・性能を実現しているが，そうした従来の延長線上の視点だけにとどまらず，独自の商品「ケシポン」の情報保護機能に着目して修正テープに付与し，使用時の修正箇所の文字が裏から透ける不安感を解消するという，新たなサービス性を加えることに成功した商品である。消費者の使用時の不満や物足りなさに対して新たな開発者の発想と既存技術の適用で，意味のある消費価値を創出し，機能・性能面で過剰品質とならない商品開発プロセスを実現した好例といえるのではないだろうか。

　ここで，Schmitt（1999）の「経験価値モジュール」の議論にそった整理をしておく。表3－5には，提示されている5タイプの経験価値で整理したものだが，SENSE（感覚的経験価値），FEEL（情緒的経験価値），THINK（創造的・認知的経験価値），ACT（肉体的経験価値とライフスタイル全般），RELATE（関係的経験価値）で具体的に検討した内容を提示してある。

　文房具という商品特性のために，当然すべての価値との関わりはないものの，新しい消費行為や手作業の折に消費の意味を認識させる事務作業の際の安心感を与える等，商品の感覚的，情緒的，認知的な経験価値を高める商品化プロセスにつながる例ではないだろうか。

表3-5 「裏から見えない修正テープ」が与える経験価値とは

経験価値モジュール	想定される経験価値
SENSE (感覚的経験価値)	紙面との密着性や滑らさによる使い勝手,操作性が優れている
FEEL (情緒的経験価値)	使い勝手の良さ,「裏から見えない」機能による安心感を得る
THINK (創造的・認知的経験価値)	文字情報をカバーする安全性の配慮,斬新なデザインを通して,今どきの消費行為の認知と提案
ACT (肉体的経験価値とライフスタイル全般)	情報を漏洩しない,きちんと情報を管理するという新しい消費に気づかせ,ライフスタイル習慣の提案
RELATE (関係的経験価値)	

(出所) Schmitt (1999) の経験価値のフレームワークに基づき作成。

4 おわりに

　プロダクト・ライフサイクルの成熟期において,多くの場合,商品のコモディティ化は,競争状態の中で必ず発生してくる。これまでの多くの先行研究では,現象の理論的部分を深める考察をしてきているが,本章では,より具体的な商品開発事例に基づき,その打開策を図る着眼点や工夫や対応で検討することを重視し,商品開発の見えにくい個別の状況を整理し,検証してみた。

　そして,コモディティ化現象を打破するための論点整理を行ったが,注目してきた論点は,「過剰品質になる機能の付加ではなく,商品の適正品質をとらえ,あるいは,新たなサービス性の付加や使い勝手の改善等の消費経験を創出することで,新しい商品価値の創出を図る」こと,ここに考察の焦点を置き,脱コモディティ化の有効策を考察したものである。無論,コモディティ化を避けるための,脱するための,多様な有効な議論とその実践があり,本章での考察内容は,そのためのささやかな材料,貢献でしかない。

　しかし,具体的な使用品開発事例を踏まえた分析結果の強みは,現場がコモディティ現象の課題を改めて実感し,何が本質的課題なのか,中でも企業にお

ける当該事業における関連技術の蓄積が如何に重要であるのか，ものづくりの現場で，脱コモディティ化に向けた現実的かつ有効な手立てとなる議論をささやかながら抽出したことには届くだろう。例えば，その1つに，コモディティ化に至る段階において，先に指摘したように，「技術集積は次なるブレイクの芽」であり，正に，技術のポケットは，次なる商品化の改善・改良につながり，それらの技術を磨き新たな組み合わせを行うことで，新商品が誕生する仕組みを看過しないことの重要性である。つまり，コモディティ化現象は，一方ではマイナスとなる展開でありながら，他方では，今後の新たな商品価値を考える，貴重な開発へのヒントも提示していることにも注視すべきことと理解する。

最後に，今後のさらなる分析課題として，いくつか指摘しておきたい。例えば本章で提示し考察を重ねた論点の相互の関わり方，そのメカニズムへの考察，また，商品特性の異なる事例の分析も加え，また変貌する消費スタイルも見据えて，より実践的な分析をするという課題が残されている。例えば，時代の変化の中で確実に新たな商品は登場する。そこでの商品カテゴリーとは既存の概念とは異なるだろう。今日，携帯電話が情報携帯端末機へと大きな変化をとげた，いわゆるスマホ現象と呼ばれる商品の進化と変貌を見れば分かる。実に大きな商品カテゴリーの変化がこの先も待っていよう。

さらに，別の課題として，商品化現象を分析する際に，果たして，何が過剰品質であり，何が適正な高機能・性能品質であると判定できるのだろうか。こうした議論の1つの解としては，消費社会の変化を受けて，商品特性と消費の関係を極めて注視して見極め，新たな商品の機能性について，また生活シーンにおける新たな商品価値の再考と新たな発見も考えていくことに他ならないだろう。つまり，消費者の行動の全てを数字として表わせられるものではないということだろう。このことにも，より科学的に信頼性を確認できる考察が必要となる。こうした課題も想定した上で，1章で議論した，新規事業の下での新たな商品開発の議論とも連携して，事業価値の高揚と連動する商品価値創造の議論が，今後の激化する市場競争を想定すると，ますます必要となると考える。

本章の市場のコモディティ化現象の課題並びにケースの議論は，王煜（オウユ）

(2012)『市場活性化を促す脱コモディティ化戦略への一試論』専修大学大学院商学研究科修士論文を基に，改めて新たな論点を加え，大幅に加筆・修正を加えたものである。

謝辞

インタビュー調査並びに資料の提供を頂いたプラス㈱マーケティング本部，マーケティング統括部，第二マーケティング部部長　松本竹志氏，コーポレート本部秘書部，広報室室長藤原純子氏に感謝の意を表します。

（見目洋子・王煜）

参考・引用文献
青木矢一・楠木建（2008）「システム再定義としてのイノベーション」『一橋ビジネスレビュー』56(4)，pp.58-77
池尾恭一・青木幸弘・南知恵子・井上哲浩（2010）『マーケティング』有斐閣
石井淳蔵（2010）「市場で創発する価値のマネジメント」『一橋ビジネスレビュー』57(4)，pp.20-32
内海雅路（2009）「製品のコモディティ化に関する一考察——日用雑貨品のケースを中心に」『日本産業経済学会産業学会研究』(9)，pp.117-128
内海雅路（2009）「脱コモディティ化のための商品価値伝達　最寄品のケースを中心に」『商品研究』56(3・4)，pp.1-14
恩蔵直人（2007）『コモディティ化市場のマーケティング論理』有斐閣
片岡寛（1980）「質的特性解明としての商品学」『一橋研究年報　商学研究』22巻，pp.93-156
片岡寛（1981）「商品質的評価要素からみた多様化」『ビジネスレビュー』29(1)，pp.35-47
片岡寛・見目洋子・山本恭裕（2005）『21世紀の商品市場　市場性と社会性の調和』白桃書房
榊原清則・香山晋（2006）『イノベーションと競争優位コモディティ化するデジタル機器』NTT社
楠木建（2006）「次元の見えない差別化　脱コモディティ化の戦略を考える」『一橋ビジネスレビュー』53(4)，pp.6-24
楠木建・阿久津聡（2006）「カテゴリ・イノベーション：脱コモディティ化の論理」『商品研究』56(3・4)，pp.68-81
楠木建（2010）「イノベーションの見え過ぎ化可視性の罠とその克服」『一橋ビジネスレビュー』57(4)，pp.34-51
栗木契（2009）「コモディティ化はいかに回避されるのか」『国民経済』199(3)，

pp.54-70
武井寿（2005）「第 7 章　新しい価値創造のためのマーケティング」『21世紀の商品市場』白桃書房，pp.161-179
延岡健太郎（2010）「価値づくりの技術経営　意味的価値の重要性」『一橋ビジネスレビュー』57(4)，pp. 6 -19
藤川佳則（2006）「脱コモディティ化のマーケティング顧客が語れない潜在需要を掘り起こす」『一橋ビジネスレビュー』53(4)，pp.66-78
吉田孟史（2005）「ソフトイノベーションとしての経験革新」『組織科学』Vol.39 No. 2, pp. 4 -14
Christensen, C. M.（1997），*The Innovator's Dilemma*, Harvard Business School Press.（玉田俊平太監・伊豆原弓訳『イノベーションのジレンマ』翔泳社，2001）
Christensen, C. M. and M. E. Raynor（2003）*The Innovator's Solution*, Harvard Business School Press.（玉田俊平太監・櫻井祐子訳『イノベーションへの解 利益ある成長に向けて』翔泳社，2003）
Moore, G. A.（2005）『Dealing With Darwin how great companies innovate at every phase of their evolution』Penguin Group.
Holbrook, M.（1982），"The experiential aspects of consumption: consumer fantasies, feelings, and fun", *Journal of Consumer Research*, Vol. 9　No. 2, pp.132-140.
Pine, J. and J. Gilmore（1999），*The Experience Economy*, Harvard Business School Press.
Schmitt, B. H.（1999），*Experiential Marketing: How to Get Customers to Sense, Feel, Think, Act and Relate to Your Company and Brands*, Free Press.（嶋村和恵・広瀬盛一訳『経験価値マーケティング』ダイヤモンド社，2000）
『アップルとライバル企業の分野別戦略動向』（2010），シード・プランニング
「花き産業振興方針」（2010年 4 月），農林水産省
『生産動態統計（繊維・生活用品統計）平成22年』（2010），経済産業所
『日経・消費ウォッチャー』（2011年 3 月）No.27，日本経済新聞社
『日本経済新聞電子版』（2011年11月27日）
『フラワー＆グリーン市場に関する調査結果』（2008），矢野経済研究所『フラワー＆グリーンビジネス白書』（2010），矢野経済研究所
「文具・事務用品市場に関する調査」（2011），矢野経済研究所
『PRESIDENT』（2010年 8 月30日）

4章 商品・ビジネス価値を創出するデザイン

1 はじめに

　商品開発において，また企業戦略において，デザインの重要性が高まっている。商品のコモデティ化が進む中で，デザインは重要な競争優位性を確保する手段となっている。ハーバード大学の製品開発の権威，ロバートヘイズは1980年代は価格での競争，90年代は品質の競争であったと総括し，2000年以降はデザインの競争であると予想している。特に新興国の台頭によって機能と価格のバランスだけで競争に勝てなくなってきた日本企業において，商品のデザイン力を高めることによって商品価値をあげていくことは，最優先課題の1つといえる。

　戦後，日本の企業の多くが，デザインをあくまでも「外側を包むだけの衣装」としてとらえていた時代があり，国内自動車産業に見られるように，短期的にデザインを衣替えすることによって，商品を買い換えさせるという需要創造のための一手段としてデザインを活用してきた。こういった短期的な買い替え需要創出のためのデザイン戦略は高度成長期に成功した1つの手法ではあったが，昨今の消費低迷やエコ意識の高まりによる無駄な商品の買い控え，といった消費者意識の変化からも，「さあ，デザインが変わりましたので，新商品を購入しましょう。あなたの持っているものはもう古いですよ」といった古典的な販売手法自体が終焉を迎えつつある。こういった企業を取り巻く環境変化の中で，企業はいかにしてデザインを長期的資産として活用すべきであろ

うか。

　本章では，商品価値におけるデザインの役割について概観する。そのうえで，無印良品のデザインマネジメントを考察し，経営視点でデザインをとらえ長期的にデザインを活用するための"仕組みづくり"に秀でた1つの成功事例を考える。

2　商品におけるデザインの価値

2-1　4つの商品価値とデザイン

　デザインを論じるにあたり，まずは商品とデザインの関係について考えたい。商品の価値はどのように整理され，その中でデザインはどのように位置づけられるのだろうか。

　和田によれば，商品価値は「基本価値」「便宜価値」「感覚価値」「観念価値」の4つの価値に分類できる（和田　2002）。

■基本価値：製品がカテゴリーそのものとして存在するためになくてはならない価値
　　　　　　例：時計の基本価値とは時を刻むことである
■便宜価値：消費者が当該製品を便利に楽しくたやすく購買し，消費しうる価値
　　　　　　例：洗濯用洗剤がコンパクトになって使いやすくなる
■感覚価値：消費者の購買・消費にあたって，消費者に楽しさを与える価値
　　　　　　消費者の五感に訴求する価値
　　　　　　例：シルバーのビール缶は，冷たいビールのおいしさを感覚的に伝えている
■観念価値：ヒストリー性，シナリオ性，文化性といった意味や解釈が付与された価値
　　　　　　例：麒麟麦酒の麒麟は，中国大陸や中央アジアを疾走する伝説の動物を想起させ，アジアを駆け巡る歴史的人物を夢想し，こよなく男のロマンを感じる

この4つの商品価値において，デザインはそれぞれの価値の構築に貢献することができる。時計であれば，時を刻むという技術的機能を「時間を把握する」といった基本価値に変えるのはデザインであり，製品をより使いやすくするといった便宜的価値を高めるのもデザインの役割である。例えば持ちやすい，開けやすいといったパッケージデザインの改善などは，この便宜価値を高めるためのデザイン活動と言える。

　また，商品に採用される色は，色そのものによって消費者の五感を刺激し，感覚価値を高める。例えば赤という色は，情熱的で活動的な印象を与え，紫は上品で高貴な印象を与える（南雲　2006）。表面にどういった素材を採用するかもデザインが感覚価値を増幅する一例といえる。例えばパソコンを作る際に，外観をステンレスで作れば，シャープでスタイリッシュな印象になる。逆に木を使えば，手作りのあるぬくもり，やさしさ，暖かさを印象づけることができる。

　観念価値は，ストーリー，シナリオ，文化といった意味や解釈的視点における価値である。この価値そのものはデザインではないが，この価値を記号として集約し，消費者に記憶してもらうためには，デザインによる集約化・記号化が効果的になる。

　キリンビールの「中国大陸や中央アジアを疾走する伝説の動物：アジアを駆け巡る歴史的人物を夢想し，こよなく男のロマンを感じる」といったストーリーは，ビールに登場する麒麟のロゴマークを見るだけで，細かい説明をすることなく顧客に連想させることができる。これがデザインの集約化・記号化である。このようにデザインは観念価値を消費者と共有するための効率的な記号として，重要な役割を担っている。

2-2　デザイン分野と商品

　デザインの分野には様々なものがあるが，商品との関わりが深いものには商品の形や機能を設計するプロダクトデザイン，商品の包装に関わるパッケージデザイン，社名や商品名などのロゴデザイン，会社全体のイメージをデザイン化するCIデザイン，店舗やディスプレイなどの空間デザインといったデザイン分野が商品開発と関わりの強い分野である。

2-3　ブランド価値におけるデザイン

　ブランドとは，「ある売り手あるいは売り手の集団の製品およびサービスを識別し，競合他社の製品およびサービスと差別化することを意図した名称，言葉，サイン，シンボル，デザイン，あるいはその組み合わせ」（アメリカ・マーケティング協会）である。

　4つの商品価値でいえばブランド価値とは，感覚価値と観念価値の2つである。

　製品の技術的差異が少なくなり，商品の基本価値や便宜価値による差別化が，難しくなっていく状態をコモデティ化というが，現代の商品市場はまさにコモデティ化の時代であり，感覚価値や観念価値による差別化が重視されている。

　この2つの価値を内包しているという意味で，ブランド価値をどのように高めるかは商品開発において，非常に重要である。

　デザインは，ブランドの価値の一要素であるが，その役割は非常に大きい。Elliot Young /Perception Research Service によれば，あるブランドをイメージする際に消費者が思い浮かべる要素は

　1）色
　2）形（その形がユニークである場合）
　3）ロゴ

の順であるという。実はこの三要素はすべてデザインそのものである。つまり，ブランドを形成する要素の中で，デザインの占める割合は非常に大きいと考えられる。

3　無印良品の概要

　無印良品は㈱良品計画の展開している店舗，および商品のブランドである。

　株式会社良品計画は，1989年6月30日に設立され，自社ブランド商品「無印良品」を中心とした専門店事業の運営，卸売事業を主な事業としている。商品の企画から生産，販売までの機能を垂直統合したビジネスモデルで，「製造小売業」と言われる業態である。

　生活用品を中心に，家電，衣服，食料品など7,500品目を取り扱う（2009年

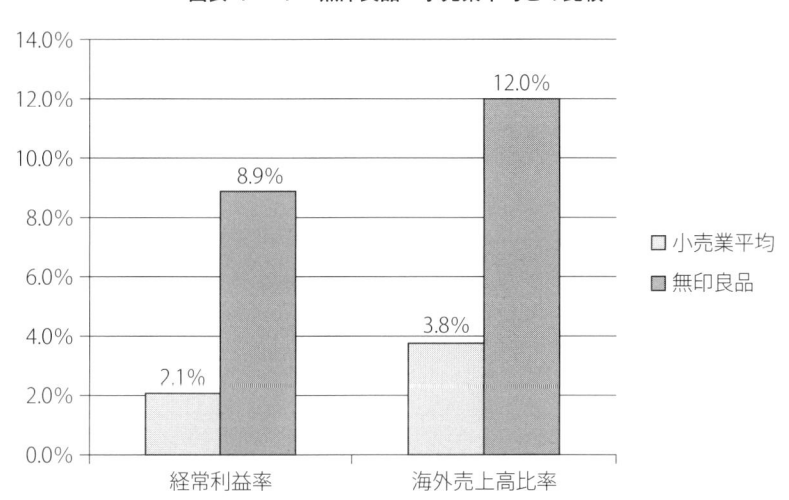

図表4-1 無印良品 小売業平均との比較

	経常利益率	海外売上高比率
小売業平均	2.1%	3.8%
無印良品	8.9%	12.0%

(出所) 横井 のり枝「日本小売業の課題と小売業国際化の進展」，
経済産業省「第37回海外事業活動基本調査」，
財務省 財務総合政策研究所「財政金融統計月報」665号より作成。

2月)。過去には自動車や家などの取り扱いもあり，幅広い商品を扱っている。従業員数は4,680人，連結売上高1,637億円，連結経常利益146億円であり，経常利益率は8.9％と小売業の平均2.1％の4倍以上の利益率を誇っている（経済産業省（1998）「商工業実態基本調査」）。

店舗数は国内364店舗，海外136店舗，合計500店舗であり，海外売上高比率は12％と，これも日本小売業平均3.8％を大きく上回っている。

無印良品はもともと，1980年に西友のプライベートブランドとして家庭用品9品目，食品31品目でスタートした。

1973年に起こったオイルショックが契機となり，高度成長期から成熟消費時代へ突入し，低価格商品への関心が高まる中，大手流通業はNB（ナショナルブランド）商品の25〜30％オフという価格設定で積極的にPB開発を行ったが，各社とも大きく売れることがなかった。

そのような時代背景の中，PBの後発ともいえる西友は他社と何らかの差別化を図る必要があった。

立ち上げ当初より，オーナーの堤清二氏と西友の広告を手掛けていた巨匠デ

ザイナーの田中一光氏との個人的な交流から，無印良品のネーミング，商品企画，デザインがスタートしている。当時のプライベートブランドは，NBに似せるように作って，価格だけ安いという戦術が一般的だったが，無印良品はこれとは明らかに方針が異なっており，一流のクリエーターが最初から商品づくりに参加するという点でブランドとしての独自性を確立することができたといえる。

　アートディレクターの田中一光氏は，著書『デザインと行く』の中で，ネーミング開発の経緯を下記のように紹介している。

　『ちょうどダイエーがノーブランド商品を出しはじめた時期であったが，西友では，何か他の量販店とは異なったノーブランド商品をつくりあげていこうという気運が高まり，その時の最初の発言が「"ノーブランド"というネーミングでは，何となく流通業界語的でおもしろ味がない」という意見であった。
　「ノーブランドを日本語に訳すとどうなるのか」と議論している最中，突然「無印良品という4つの漢字が会議の席上で湧き，いくつかのネーミングの中から「無印良品」が採用されることになった』

　ブランドコンセプトは「わけあって安い」というスローガンを基本に考えられた。品質を落とすことなく，安くする努力をして，それをしっかりと伝えていく。そういった基本姿勢で商品開発が行われた。そのために「素材の選択」「工程の点検」「包装の簡略化」という3つの努力を行い，安くなった背景をしっかりとラベルに記載していく，という新しい表現方法で商品が作られた。例えば，通常のスパゲティは，干すためにU字になっているカーブの部分を切り落として棒状にして販売されているが，無印良品では，その工程を省き，そのままU字のスパゲティとして売り出した。また，割れたしいたけを「割れしいたけ」という商品として販売した。衣料品では染色・漂白工程を省くなど，安い理由を素材・工程・包装から見なおした。こういったブランドコンセプトが高く評価され，1983年に青山に直営一号店を出店するとあっという間に話題になった。その後1989年に西友から独立し，㈱良品計画として店舗開発・商品開発・販売まで一貫して行う体制を築いた。

1998年東京証券取引所第二部に上場し，その2年後の2000年に東京証券取引所第一部上場を実現した。当初から著名デザイナーが参加していたこともあり，商品のデザイン性は高く評価され，業績の高さを後押しする競争優位性となった。高いデザイン性を評価された商品のみが取り扱われるニューヨーク近代美術館（MoMA）のデザインストアーでも無印良品が発売され，インストアショップの開店までが許可された。また優れたデザインに送られるドイツの世界的デザインコンペティション iF design award（プロダクト部門）においても，史上初の5つの金賞を同時受賞するなど，国内だけでなく海外からも高い評価を受けている（2004）。

　また，2011年には日経ブランドジャパンで，親しみやすいブランドとして評価を得ており，1,000社中16位にランキングされている。15位はコカコーラ。17位はアマゾンであり，小売業としては24位のセブン-イレブンを大きく引き離してしてトップブランドとして評価されている。ちなみにセブン-イレブンの売り上げは無印良品の17倍（平成21年）である。

4　無印良品らしさをつくるしくみ

4-1　デザインアドバイザリー

　無印良品のデザインの強さの1つは，デザインの判断を経営のトップマターとして扱っているところにある。無印良品では経営トップとアドバイザリーボードというデザインのトップが意見交換し，意思決定をするという形をとっている。一般的にアドバイザリーボードとは会社の外部組織として，識者や専門家による意見をもらうための顧問委員会，監査役会といった位置づけだが，無印良品では商品・広告・POPに至るまでのコミュニケーション全体の指揮を担っている。

　単なる経営者のためのアドバイススタッフという役割ではなく，実際にデザイン・ディレクションといった制作過程にも深く関わる。

　現在，グラフィックデザイン，プロダクトデザイン，空間デザインという3つのデザイン分野においてアドバイザリーが存在しており，最終的に商品が商品化されるかどうかの判断は，このアドバイザリーボードによる年2回の商品

判定会によって行われている。

　アドバイザリーという独立性と権限のある立場を作り，第一線のデザイナーを長期にわたってアドバイザリーに起用し，商品化判定という重要な権限を委譲している。それによって「無印良品らしいかどうか」といった点を，一流のデザイナーやクリエータの眼によってチェックしている。

　このしくみによって，「ブランド」すなわち，無印良品らしさを維持・強化するとともに，売上や利益を優先させすぎないための検査機関としても機能していると考えることができる（原研哉（2009）『Real Design』5月）。

　数年で変わる社長の好みでデザインや商品が決定される企業が多い中で，長期的なブランド視点に立ち，商品とデザインを精査していく無印良品のこのプロセスは，ゆるぎないデザイン哲学を商品に落とし込む上で重要なプロセスだと言える。商品数が7,000を超える無印良品が，商品にブランドらしさの一貫性を維持し続けるための最終関門として，こういったアドバイザリー機能が働いていることが無印良品のデザインの強さを作りだしている1つの要因である。

4-2　デザイン哲学の継承と進化

　無印良品の商品哲学には「エンプティ」という概念がある。これはアドバイザリーボードを務める原研哉氏によって提唱されている。日本語に翻訳すると「空っぽ」というニュアンスであろうか。

　「無印良品の仕事をしていくうちにエンプティという言葉を意識し始めたんです。無印良品は単にシンプルじゃない。僕はそれをエンプティと言う。」

　「シンプルと言うよりは空っぽなんです。茶室には何もない，メタフォリカルな劇場みたいなもの。水盤にサクラの花びらを数枚浮かばせれば，満開の桜の樹の下のイメージになる。何もないところに架空のイメージを呼びこみながら，互いのイメージを交換していく。無印良品もやはり本格的なところは日本の美意識に依っている。例えば収納棚もエンプティな器です。使い方が決まっているわけではない。」（原研哉（2009）『Real Design』5月）

　この原研哉氏のエンプティという考え方は2つの点で無印良品のデザインを強化していると考えられる。1つは，この考え方がすべての商品に徹底しているということである。よくこういったデザイン担当者の考え方が紹介されるこ

とがあるが，あくまでも1デザイナーの考え方として紹介されていることが多い。しかし，無印良品では，商品開発に関わるスタッフ，経営者，デザイナーなど多くの関係者がこのエンプティネスという考え方を共有している。ここに無印良品のデザインの強さがある。

㈱良品計画の会長である松井も2011年，ブランドジャパンの講演で「無印良品はからっぽの器であり，価値を決めるのはお客様」という同じ表現をしている。

社内のデザイン部門も「デザインしないデザイン」を意識し，デザイン部門のトップも「インハウスデザイナーにはデザインしないスタッフを集めました」と明言している。社内外に「エンプティネス」というデザイン哲学を表明し，商品化の最終決定をアドバイザリーボードと経営トップで決定するというしくみがあることは，すなわち，商品開発に関わる人の多くが自社ブランドの判断基準を共有しているということにつながるのである。実際，「あなたの会社の商品のデザインは何を大切にしていますか？」という問いに対して，経営者から商品開発に関わるスタッフまでが，同じデザインコンセプトを一言で共通に言える企業は日本に何社あるだろうか。デザイン哲学がトップから現場にまで行きわたっており，その哲学を軸に商品が作られ，商品化が決定されるしくみに無印良品のデザインの強みがある。この「エンプティネス」というデザイン哲学のもう1つの強みは，このデザイン哲学そのものが進化しているという点にある。当初のデザインは無駄をそぎ落とすことでブランドの存在意義を形成していた。もともとはアメリカで簡素な白黒なラベルだけが貼られた商品が流行しているのを見て，日本に移し変えたのが無印良品のデザインのきっかけである（岩谷 2009, p.146）。

初代の無印良品のアートディレクションを担当した田中一光氏は，そのデザインの考え方を『「日本のパッケージデザインそのものが過剰包装で，非常にデコラティブでありすぎるんではないか」という疑問を持っていた。(中略)むしろ，包装からそういう模様や色彩を取り除いていくということは，この過剰包装，過剰模様，過剰色彩の時代に，逆に新鮮に見えてくるのではないか，という考え方をしてみた。』と紹介している（田中 1997, p.40）。

「わけあって安い」というコンセプトを受けたデザイン哲学は，上記の考え

方に基づいて開発されていた。しかし，発売後20年近くが経過した1990年代後半になると，「わけあって安い」というブランドコンセプトそのものに存在価値がなくなってくる。最も大きな要因は，衣料品，家電，家具，生活雑貨とカテゴリーを絞って大量に商品を作るカテゴリーキラーと呼ばれる製造小売業が台頭してきたことにある。ユニクロ，ヤマダ電機，ダイソー（100円ショップ），ニトリといった企業が各カテゴリーの低価格商品で急速に売り上げを伸ばした。

　2つ目の要因は自社の大型店舗の出店，急拡大により急速に商品数を増やす必要に迫られた結果，十分な吟味や検証のないまま商品化が進んだことである。その結果，本来のオリジナリティの高い無印良品らしい商品が減った。こういった外部環境・内部環境の変化により，既存店の利益率が減少傾向にあったにもかかわらず，過去の成功から会社全体に危機感が薄く，対応が遅れることになり，2001年には当期利益がほぼゼロになるまで経営状況が悪化する。

　このタイミングで，初代アートディレクターを務めた田中一光氏は2代目の無印良品のアートディレクターを原研哉氏に引き継ぐ。田中一光氏は1980年からスタートした無印良品を20年ディレクションしたことになる。無印良品を引き継いだときの様子を原研哉氏は『Real Design』（2009）の中で，下記のように述べている。

「田中一光氏さんから電話がかかってきたのは2001年の8月です。突然，良品計画のアートディレクションを引き継ぎたいという話をされた。びっくりしました。僕は田中一光氏さんとは一緒にご飯をたべたこともない，つまり親しい関係ではなかった。だから僕に投げてくれたのは大変な決断だったと思います。（中略）それまでのコンセプトを，ただ引き継いでやるのはどうなのかと疑問もありました。その時に，無印の思想を世界に開いていく可能性があると思ったんですね。無印良品の発想が，中国やドイツで生み出されたとしたら，どんなだろうと思ったんですね。そこからWorld MUJIという言葉が浮かんできたのです。それを次の日に田中さんにお話しして，お引き受けすることにしました。」

図表4－2　ブランドコンセプト・デザイン哲学の進化

期　　間	アートディレクター	ブランドコンセプト	デザイン哲学
1980～2001年	田中一光	わけあって安い	過剰なものを取り除く
2002年～	原　研哉	WORLD MUJI	エンプティネス

　無印良品のブランドコンセプト・デザイン哲学は時代に合わせる形で優秀なディレクターにバトンタッチされ，時代に合わせて進化させている。この進化こそが無印良品のデザインマネジメントの強みである。通常ブランドコンセプトは簡単に変えてはいけないものの1つではあるが，時代と照らし合わせて進化する無印良品化は，ブランドの存在価値を見つめ直すことの重要性を認識させてくれる。

　プロダクトデザイナーであり，良品計画のアドバイザリーボードの1人である深澤直人氏は，雑誌のインタビューで「無印良品らしい，無印良品らしくないという境界を私は常に探しています」と答えている。

5　デザイナーを集めるしくみ

デザイナースパイラル

　無印良品では，アノニマス性を重視している。アノニマスとは「匿名性」であり，デザインしたデザイナーの名前を公表しないということである。通常，有名デザイナーを起用した場合には，そのデザイナーの名前をオープンにすることで商品価値が高まるため，有名デザイナーを起用した場合には，企業はデザイナーの名前を公表したがる。デザイナーにとっても自分の名前がPRされる絶好の機会になる。しかし無印良品では，デザイナーの名前をあえて表に出さないことをルール化している。それにもかかわらず，国内外の著名デザイナーがそのデザイン制作に参加する。

　これは，無印良品の商品開発に参加し，デザインをすることの価値を多くのデザイナーが評価しているからである。一般的にデザイナーが仕事を選ぶ基準

は2つある。1つは「儲かるか儲からないか」，2つめは「おもしろいかおもしろくないか」である。多くのデザイナーはおもしろい仕事に興味がある。実際にデザイン性の高い無印良品は著名なデザイナーの愛用品として評価されている。また，デザイン雑誌『Real Design』では，2009年に30人の著名なクリエーターによる「自分の愛する無印良品を紹介する」という企画をその誌面で実施している。NTTドコモやキリンビバレッジなどのアートディレクターを務める水野学氏は，雑誌の中で「日本が世界に誇れる，世界に通用するジャパンブランド。ブランドを見事に確立している，素晴らしいブランドだと思います。このままずっと，素晴らしいブランドであり続けてください」とメッセージしている。普段自分が使用しているデザイン性の高い商品ブランドのデザインに参加できるとなれば，多くのデザイナーが匿名性にかかわらずデザイン制作に参加する。実際に多くのクリエータが，「カラフルなMUJI」を無印良品に提案したい，「クルマを作りませんか」といった自分のイメージする無印良品を提言している。

　こういったデザイナーの個性ある表現力を通じて，無印良品らしいデザインが新たに誕生する。それは，新たな無印良品デザインの魅力を高め，またデザイナーの無印良品ブランドへの評価，参加意識を高める。このように，よいデ

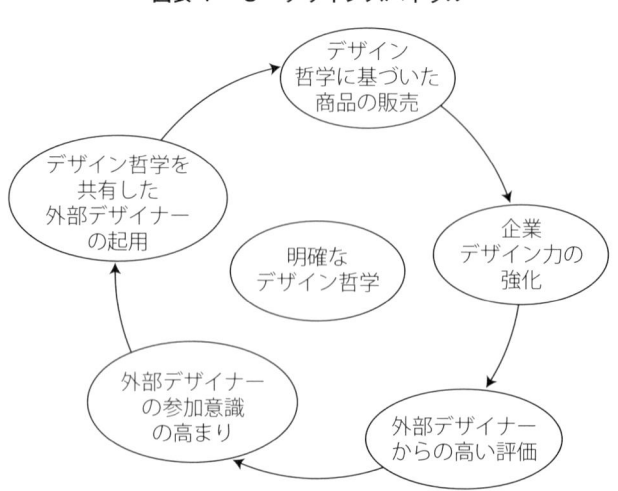

図表4－3　デザインスパイラル

ザインが，商品としてデザイナーの目に触れ，多くのデザイナーがその開発に集まってくるスパイラルをデザインスパイラルと定義する。

明確なブランドコンセプトと高いデザイン性を持つ商品を世に出す企業にはいいデザイナーが集まってきて，デザイン作りが加速され，ますますそのブランドのデザイン性を高めていくというスパイラルである。このデザインスパイラルは，高いデザイン性を維持している企業に多くみられる。

例えば東ハトというお菓子メーカーでは，パッケージにイラストを大胆に活用するというパッケージデザイン展開をしている。その結果，多くのイラストレータにとって，東ハトのパッケージデザインにイラストレータとして参加することは大きな魅力になっている。

いいデザインがその企業から発売されるという事実は，デザインの良さを判断できる企業であるということの証明にもなる。デザイナーはいいデザインをきちんと判断できる発注主との仕事を評価する。それは優秀なデザイナーを必ずしも高額なデザインフィーでなくとも匿名で使うことのできるということにもつながる。無印良品のデザインスパイラルには，アドバイザリーボードを務めている原研哉氏や深澤直人氏の影響力も大きい。世界的に活躍する２人のデザイナーと仕事ができる，評価してもらえるという点もデザイナーを引きつける大切なポイントだと考えられる。

6 デザインとコストのしくみ

いいデザインはコストがかかることが多い。１つはデザイナーのデザイン料である。デザイン料は不透明な場合が多いが，著名なデザイナーのデザイン料は高い。２つめは製造原価である。デザインをそのまま再現しようとすればするほど，製造工程で手間がかかり，原価が高くなる。特に創造性の高いデザイナーは，デザインが個性的であり，かつ製造工程の制約によるデザイン修正に納得しないケースが多いために，製造コストが高くなる場合が多い。無印良品ではこの２つのコストを省くためのしくみが用意されている。

6-1　内部化と外部化

　無印良品では企画デザイン室を設置し，14人の内部デザイナーがデザイン作業をしている。2004年までは社内にデザイナーはおらず，全て社外のデザイナーに外注するというスタイルでデザインを行っていた。一般的にデザイナーを外部化することによって，新しいデザイン性をフレキシブルに取り入れることができるというメリットがあるが，一方でコスト面や開発とのスピーディな調整ができないというデメリットがある。無印良品も商品数が増えてきて，全て外部デザイナーへの依頼では時代的に立ち行かなくなるということで，2004年に企画デザイン室が設置された。

　デザイン室の安井室長は，18年間外部デザイナーとして無印良品のデザインに携わったデザイナーであり，デザイン室立ち上げの際に無印良品に参加した。現在，安井氏の下で14名のデザイナーがデザインをしている。デザイン室の方針は「デザインしないデザイナー」ということで，無印良品のブランドコンセプトを体現していると言える。一般的に商品数が増えるに従って，企業はデザイン業務を内部化するという傾向がある。多品種のアイテムを開発するには，デザインを内部化する方が1商品当たりのデザインコストが下がるからである。デザインにかかるコストを固定費化し，多くの商品にコストを配賦することでコストダウンが図れる。

　また，社内にデザイン部門を設けることで，商品化プロセスにおける設計や製造の調整ノウハウも蓄積することができ，デザイン性と製造コストのバランスをとることができる。

　無印良品では，社内デザイナーだけでなく，十数名の外部デザイナーとも契約をしている。そして年2回の経営トップ・アドバイザリーボードの参加する商品検討会でデザインが評価され，無印良品らしい商品として一定のレベルを満たしているかのチェックが行われている。

　このように無印では増加する商品数のデザインコストに対応する形で，内部化が行われ，同時に外部デザイナーの起用も継続活用することで，コストメリットを図るとともに，内部化のみによるデザイン品質の低下を防ぐしくみができている。

また，無印良品の外部デザイナーの名前は一般公表されていないが，実際にはデザイン専門誌などによって著名デザイナーがデザインしていることはよく知られている。しかしながら，販売価格を見ると，通常のデザイン料よりもかなりコストが抑えられていることが推測できる。
　これは，デザイナー名を公表しないということが，コストダウンに寄与していると考えられることもできるし，無印良品をデザインするというデザイナーにとってのプレミアムを利用して，デザイン料が安く抑えられていると考えることもできる。いずれも推定の域をでないが，ある程度デザイン料をコントロールできていると推測できる。

6-2　設計とデザイン

　無印良品のブランドコンセプトのスタートは，徹底して無駄を省くということであり，その考え方が進化して，エンプティネスという概念が形成された。実際の商品デザインには，装飾過多・機能過多，これをできるだけ省くというもともとの考え方が生きている。この考え方はデザインの方向性と同時に製品のコストにも反映されている。「装飾をできるだけしない」，「機能を必要な限り省く」，こういった考え方はコストダウンそのものだといえる。「素材をそのままに」というテーマは素材を加工しないという製造工程でのコストダウンを実現し，様々な色を付けないということは，製造プロセスの簡略化を意味している。
　無印良品のブランドコンセプトはそのまま工程を簡素化し，コストダウンを図るという考え方をベースに進化させたデザインコンセプトであり，この考え方がコストダウンに結び付いているのである。

7　顧客とつくるしくみ

7-1　顧客の観察

　無印良品では高いデザイン性を維持する他に，顧客満足を獲得するための商品開発のしくみがある。本来商品開発の目的は，顧客のニーズを満たすための解決手段を提供することであり，顧客視点が欠かせない。しかしながら，デザ

インオリエンテッドな企業であればあるほど,「デザイン性の高いもの＝よい商品」というプロダクトアウト的な発想になりがちである。無印良品では顧客の声を積極的に取り入れて商品開発を行うことで,高いデザイン性と顧客満足の両方を実現している。

その中でも,オブザベーションと呼ばれる顧客観察によって商品開発ニーズを探る方法を取り入れている。オブザベーションとは事前に許可を得た顧客の家を訪問し,冷蔵庫やたんす,台所,風呂場などできるだけ普段のままの生活シーンを観察し,撮影をする。

こうすることによって,実際の生活現場にあるニーズを商品化する。例えば,お風呂場に形や大きさの異なる様々なシャンプー,リンス,ボディソープが並んでいることが観察される。これを観察した商品開発者は,浴室の棚の角が四角いのだから,四角い容器があった方がすっきりするのではないか。透明の方が中身が見やすいのではないか,と考える。それでは,透明の四角いシャンプーボトルを開発しよう。こういった流れで消費者のニーズにあった商品が開発されていく。実際に透明の四角いシャンプーボトルは無印良品で商品化され販売されている。

顧客のニーズには,顧客自身がはっきりと理解して言語化できる「顕在化されたニーズ」と顧客自身は自分では気づいていないが,人から言われるとそうだったと気づく「潜在ニーズ」がある。

現在,多くの商品があふれ,ニーズの多くが潜在化している中で,顧客のありのままの生活を観察して商品化する方法は,ニーズを把握するのに非常に有効な方法である。

7-2　顧客情報の吸い上げ

また,無印良品ではネットを使って,顧客の声を集め,商品開発をネット上で行うというしくみを持っている。

2000年に立ち上げた「ものづくりコミュニティ」という顧客参加型のサイトがそれである。

ものづくりコミュニティでは,ムジネットと呼ばれる無印良品のネット販売サイトへの会員に対して,様々な商品開発テーマを設け,4段階から6段階の

ステップを経て，顧客の声を反映させながら，商品開発を行っている。テーマには「mama Muji（子供の持ち物）」，「みんなのインナー（防寒肌着＆男性下着）」，「みんなのかばん（キャリーバッグについて）」「みんなの家具づくり」などいくつかのカテゴリーに分けられており，テーマごとに，会員から参加者が募集される。

　応募した会員は，用意されたアンケートに答える。これによって，顧客のニーズや使用実態を定量的に把握する。

　例えば，シューズバッグは子供が学校に入った時点で，75％の母親が新たに購入している，という実態がアンケートからわかった。また，上履きはサイズが大きくなっていくので，それに対応する大きなバッグがほしいことや，汚れやすいので洗いやすいものが好まれること，防水加工のものなどが必要だという顧客のニーズがわかってくる。それを受けて，実際にサンプルを作り，実際に使ってもらった会員の中から数名を座談会形式でインタビューを行う。そこではさらに実際に使った結果，「1袋で全学年使い続けるのは無理なので，大きくサイズを低学年用と高学年用の2つに分けてはどうか」，「名前のタグが必

図表4－4　デザインマネジメントのしくみ

1．デザイン哲学の共有
　　●エンプティネス
　　●顧客・経営陣・デザイナー・従業員での共有
2．デザイン哲学を商品に反映させるしくみ
　　●デザイナーアドバイザリーボードの設置
　　●年2回の商品化決定会議
　　●無印良品らしさの共有
3．優秀なデザイナーが参加するしくみ
　　●高いデザイン品質によるデザインスパイラル
　　●無印良品にデザイン参加することの価値
4．コストをコントロールするしくみ
　　●デザイン部門の設置
　　●ブランドコンセプトの反映
　　　「装飾をできるだけしない」
　　　「機能を必要な限り省く」
5．顧客の声を反映するしくみ
　　●顧客の観察
　　●ものづくりコミュニティによる商品開発

要」,「埃がたまるので裏返して洗えるようにしたい」など, より具体的な声が聞ける。こういった声を反映して商品化・発売になる。実際に「体にフィットするソファー」や「持ち運べるあかり」など, 多くのヒット商品がこのサイトから生まれている。

また2009年には「くらしの良品研究所」サイトを立ち上げ, 具体的な商品開発だけでなく, くらしにまつわる情報発信をツイッターやフェイスブックなどといったソーシャルメディアを使いながら, タイムリーな情報交換を行うことで, より深い顧客ニーズの掘り起こしやコミュニケーションを実現している。

デザインオリエンテッドな企業では, 顧客の声を聞くというプロセスが弱くなりがちだが, こういった商品開発プロセスを顧客と共有し, 開発情報を公開することによって, デザイナーの独りよがりにならないよう, 顧客ニーズに合わせていくプロセスでデザイン性の高さと機能的な使いやすさの両方の価値を高めている。

8 おわりに

無印良品はデザインをブランド価値・商品価値の重要な価値としてとらえ, 長期にわたってそのデザイン哲学に一貫性を持たせてきた。

その結果, 経営・デザイナー・顧客に「無印良品らしさ」とは何かのフィロソフィーが共有されている。また, 無印良品らしさを常に問い続け進化させ, 時代に合わせる努力が, 無印良品のデザインを常に新鮮に保ち続けている。

またデザインの意思決定においても, 一流のデザイナーをアドバイザリーボードとして起用し, 商品化の最終判断に参加させることで, 無印良品の高いデザイン性を検証するプロセスを内部に有している。また内部にもデザイナーを抱え, 極力装飾を避けることでコストダウンを図り, 顧客のニーズに耳を傾けるといった, デザインが生きるための商品開発に必要な顧客視点のしくみを備えることで, 無印良品は多くの顧客の支持を得ている。デザインはいいけれど高い。デザインはいいけれど使いづらい。こういったデザイナーよがりの商品開発を避け, デザイン・コスト・使い勝手の3つを高めるしくみがあってこそ, デザインが商品価値として生きるのである。

企業のデザイン力はその企業の選択眼で決まる。いかに質の高いデザイン案が存在していても，それを選ぶ力が企業になければ，その企業のデザイン力は高まらない。無印良品の商品開発・デザインマネジメントのしくみは短期的な手段としてデザインを活用しがちな企業にとって，新たな視点を提示してくれる好例だと言えるのではないだろうか。

（小川　亮）

参考文献
岩谷昌樹（2009）『グローバル企業のデザインマネジメント』学文社
国友隆一（2009）『無印良品が大切にしているたった一つの考え方』ぱる出版
田中一光（1997）『デザインと行く』白水ブックス
南雲治嘉（2006）『色彩デザイン』グラフィック社
渡辺米英（2006）『無印良品の「価格」』商業界
和田充夫（2002）『ブランド価値共創』同文舘出版
『リアルデザイン』No. 35，枻出版社

5章 ファストファッションの成長とアパレル産業のゆくえ

1 はじめに

　日本のアパレル産業の主役は，10〜20年周期で交代してきた（繊研新聞社 2009）。具体的には，1950〜60年代は川上の素材メーカーの時代，1970〜80年代は川中のアパレル製造卸業の時代，1990年代は川下のアパレル製造小売業（Speciality store retailer of Private label Apparel：SPA）の時代であった。このSPAのうち，1990年代後半以降に台頭しているのが，「ファストファッション（fast fashion）」と呼ばれる業態を採用する企業群である。
　ファストファッションという名称は，製品の企画から生産までが迅速（ファスト）であることに由来しており，これに製品のファッション性の高さと低価格性を加えた3つの特徴を併せ持つ場合にファストファッションと呼ばれることが多い。ファストファッション企業がこの3つの特徴を実現できるのは，外部の協力企業を活用しながら，グローバルな規模で企画・生産・販売できるビジネスモデルを構築しているためである。
　日本においては，2008年から2009年にかけて，外資系ファストファッション企業であるスウェーデンのヘネス・アンド・マウリッツ（H＆M）や米国のフォーエバー21（Forever21）が相次いで日本1号店を出店したことで，ファストファッションに対する社会的な注目と人気が高まった。国内アパレル製造卸企業が業績不振にあえぐ一方で，これらのファストファッション企業の業績は好調であり，筆者がインタビューした業界関係者によると，前者の売上のう

ち約1,000億円分が後者に奪われたと推測されるという。それゆえ日本企業の中には，ファストファッション型に業態を変換するものも現れているが，企画・生産・販売の全てにおいてグローバル化するのは容易ではないばかりか，デザイン能力の衰退という問題をもたらすことがある。

そこで本章では，まず「アパレル」「ファッション」といった用語の定義を確認した上で，アパレル産業における従来型の商品開発とファストファッション型の商品開発を対比させながらファストファッション型ビジネスモデルの優位性を明らかにし，最後にこのモデルの問題点および日本のアパレル産業の今後の課題を明らかにする。

2　ファッションとアパレルの定義

「ファッション（fashion）」と「アパレル（apparel）」は一般的に同じような意味で用いられることもあるが，厳密にはファッションの一部がアパレルである。ファッションという言葉の第一の意味は「流行」「はやり」である。流行とは，一時的に，一定の規模に広がるが，その後消滅するような集合現象を指している。これに対して，アパレルとは，狭義では「製造された衣服のうち，洋服の外着」を指す。具体的には婦人服・紳士服・子供服の3つがアパレル主要3品だとされるが，これは着用者に基づく分類であり，他には用途に注目して下着・スポーツウェア・制服（ユニフォーム）のように分類することも可能である。

上記のとおり，ファッションの第一の意味は流行であることから，「ファッション商品」にはアパレルに加え，「服飾雑貨」と呼ばれる商品も含まれることになる。具体的には，帽子・スカーフなどのアパレル小物，バッグ・靴などの革小物，時計・ジュエリーなどの貴金属である。さらに，化粧品や，インテリア用品などの生活雑貨がファッション商品に含められることもある。だが，一般的にファッション商品としてイメージされるのは，アパレルである。これは，流行はアパレルにおいて最も頻繁に生じるためであり，それゆえファッションとアパレルが同じような意味で用いられることがあると考えられる。

確かにアパレルでは特に，人気のデザインや色がめまぐるしく変わる。しか

しこれは自然発生的な現象とは限らない。アパレル業界において，流行を生じさせ，確実に消滅させ，それに取って代わる新たな流行を生じさせるような製品開発が行われているため，頻繁に流行が生じるのである。そこで以下では，アパレル業界の構造（空間軸）とアパレルの開発スケジュール（時間軸）に分けて，一定の規模の流行が定期的に生じる仕組みを説明する。

3　アパレル産業の構造と商品開発スケジュール

3-1　アパレル業界の構造とアパレル製造工程

　アパレルは，まず繊維を糸にし，次に糸を縦・横の2次元の布に加工して生地にし，最後に生地を人体やデザイン画に合わせて縦（長さ）・横（幅）・奥行きの3次元に加工することでできあがる。アパレル業界の特徴は，この完成までのプロセスで必要となる紡績・製織・縫製といった作業工程や，繊維・糸・生地といった製品の流通を，異なるさまざまな企業が担っていることにある。その大半は中小企業であり，参入障壁が低いため，少人数・小資本で起業するケースも多い。よって1つのアパレル商品は，分業体制のもとで，非常に多く

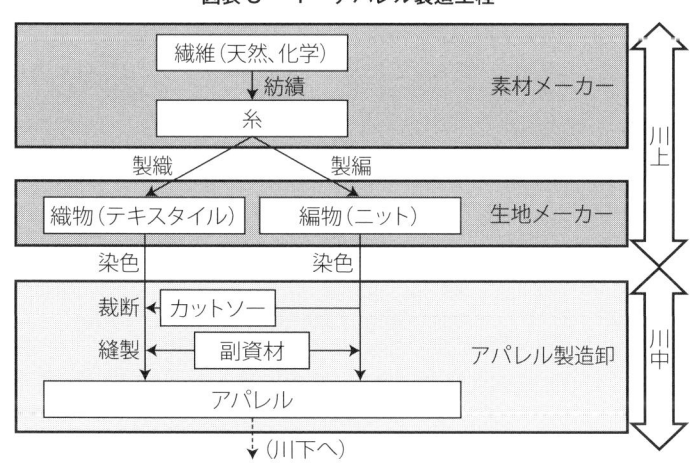

図表5-1　アパレル製造工程

(出所）筆者作成。

の企業が携わって生産されるのである。こうした特徴を持つアパレル業界は，「川上」「川中」「川下」の３つに大別される（図表５－１）。

まず「川上」に位置する企業としては，素材メーカーと生地メーカーがある。素材メーカーには，繊維メーカーと糸メーカーがある。繊維には天然繊維と化学繊維があり，代表的な天然繊維としては，木綿および麻の植物繊維と，羊毛および絹の動物繊維の計４種がある。化学繊維とは，一部を除き主に石油由来の材料から人工的に作り出された繊維であり，レーヨン，ナイロン，ポリエステルなどが代表的である。

繊維は紡績により糸に加工され，糸から生地が作られる。主な生地には，織物（テキスタイル）と編物（ニット）がある[1]。織物とは経（タテ）糸と緯（ヨコ）糸を互い違いに直交させてできる布であり，編物とはループ状にした糸を絡める（連鎖させる）ことでできる布である。生地メーカーのうち，織物のメーカーは「機屋（はたや）」，編物のメーカーは「ニッター」と呼ばれる。他に，「生地コンバーター」と呼ばれる生地問屋などもある。以上，繊維から生地ができあがるまでの工程を担う部分が「川上」である。

次に「川中」には，アパレル製造卸企業が含まれる。アパレル製造卸は「アパレルメーカー」とも呼ばれ，アパレルの企画・デザイン，生産工場への発注・仕入れ，小売業者への卸売を行っている。より具体的には，アパレル製造卸はまず，用いる生地，できあがりのサイズ，および縫製方法などを指定した「仕様書」と呼ばれる設計図のようなものを作る。すると，協力する生産工場がこの仕様書に従って型紙を起こし，アパレルを生産し，アパレル製造卸に納品する。その後，アパレル製造卸は，製品が仕様書どおりに仕上がっているか，色落ちしたりしないかなどについて検品した上で，小売業者に卸すのである。つまりアパレル製造卸は，「製造」「メーカー」という呼称がついているものの，多くの場合はアパレルを生産していない点に注意が必要である。

手編みの帽子やセーターを思い浮かべれば分かるように，編物は編目を増減させることで形を変えられる。他方，織物の変形には，裁断（cut）と縫製（saw）が必要である。このように生地ごとにアパレルへの加工方法が異なることから，アパレルの生産においても生地メーカーの場合と同様に，織物の縫製メーカー，ニットウェアメーカー，カットソーのメーカーというように，得

意とする加工ごとに別々の生産工場および企業が存在する。なお「カットソー」とは，編物でありながら織物のように裁断・縫製されて（cut and sawn）作られるアパレルのことであり，Tシャツやトレーナーがこれに該当する。

アパレルへの加工には，染色も必要である。染色は，糸ができた後，生地ができた後，生地をアパレルに仕立てた後のいずれかで行われる（図表5－1は生地ができた後に染色する場合を想定している）。さらに，アパレルは，生地に襟芯，裏地，ボタン，ファスナー，レースなどを取りつけられる必要があり，これらは「副資材」と総称される。こうした染色作業や副資材の製造・流通も，それぞれ専門業者が担っている。以上，アパレル製造卸の指揮・調整・管理のもと，生地がアパレルという完成品に仕上がっていくまでの工程を担う部分が「川中」である。

最後に「川下」の部分には，アパレルの販売に携わる小売業者や一部の卸売業者が含まれる。アパレル小売業者は，業態ごとに，衣食住全てに関する商品をまんべんなく取り扱う百貨店や総合スーパーと，アパレルに特化して販売するブティックやセレクトショップなどの専門店，そして専門店をテナントとして集めたファッションビルに分類される。アパレル製造卸は従来，これらの小売業者にアパレルを卸していたわけだが，現在では多くのアパレル製造卸が直営店を持ち，自ら販売している。この形態は，米国のギャップにより「製造小売業（SPA）」と名づけられた。SPAには，川上の生地メーカーや川中のアパレル製造卸が川下に進出した場合（例えばスペインのインディテックス，日本のワールドがそれぞれに該当）と，川下の小売業者が川上に進出した場合（例えば日本のファーストリテイリング）があり，1990年代より世界中で勢力を拡大している。

3-2　アパレル開発スケジュールと流行情報のやりとり

先述のような構造を持つアパレル業界は，多数の企業から構成されているにもかかわらず，どの企業でも類似のデザインや色のアパレルがそのシーズンの流行商品として生産・販売されることになる。その理由は，アパレル業界では実シーズンの約2年前から，近い将来のトレンド予測をふまえた商品開発が始まっており，その中で企業横断的なトレンド情報のやりとりを可能にするよう

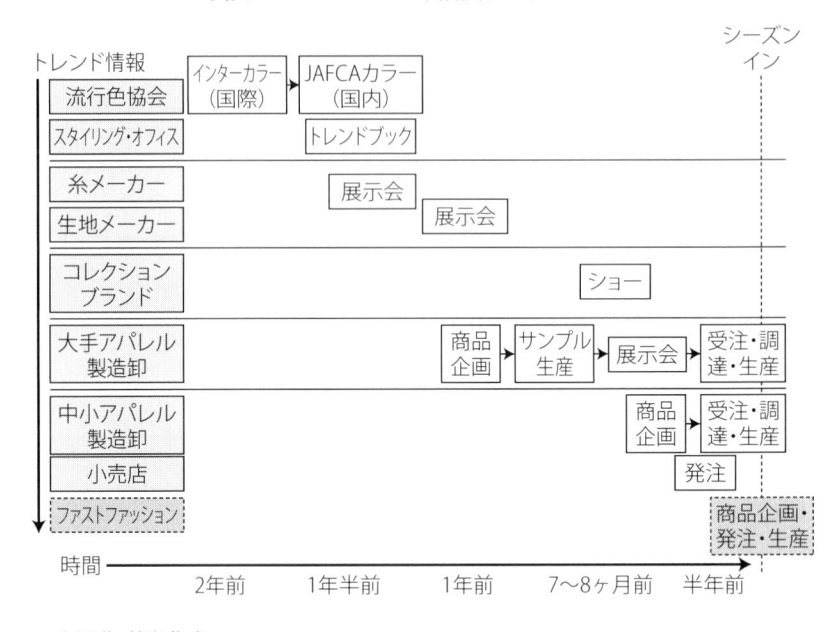

図表 5 − 2　アパレル商品開発スケジュール

```
トレンド情報                                              シーズン
                                                          イン
流行色協会    ┌インターカラー┐→┌JAFCAカラー┐
             │（国際）      │  │（国内）    │
スタイリング・オフィス          ┌トレンドブック┐
糸メーカー              ┌展示会┐
生地メーカー                ┌展示会┐
コレクション                              ┌ショー┐
ブランド
大手アパレル              ┌商品┐┌サンプル┐┌展示会┐┌受注・調┐
製造卸                    │企画││生産   │        │達・生産│
中小アパレル                              ┌商品┐  ┌受注・調┐
製造卸                                    │企画│  │達・生産│
小売店                                            ┌発注┐
ファストファッション                              ┌商品企画・┐
                                                  │発注・生産│
時間 ──────────────────────────────→
     2年前    1年半前    1年前    7〜8ヶ月前  半年前
```

（出所）筆者作成。

な場や仕組みがいくつも存在することにある。そこで以下では，アパレル業界の商品開発スケジュールとその中での流行情報のやりとりについて説明する（図表 5 − 2 ）。

　アパレル業界の商品開発は，実シーズンの約 2 年から 1 年半前に， 2 年後に流行しそうな色が「トレンドカラー」として国際流行色委員会（インターカラー）から発表されることで始まる。インターカラーには現在13カ国が参加しており，日本からは一般社団法人日本流行色協会（JAFCA）が参加している。JAFCA はインターカラーを国内向けにアレンジしたものを「アドバンスカラー」などの名称で発表する。次に実シーズンの約 1 年半前に，将来のトレンドを予測・提案する企業（「スタイリング・オフィス」と呼ばれる）から，「トレンドブック」と呼ばれる情報誌が複数発売される。トレンドブックは，紳士服・婦人服・子供服といったカテゴリーごとに，春夏物と秋冬物の年 2 回，発行されている。代表的なトレンドブックには，フランスの『プロモスティル』

や『トレンドユニオン』(いずれも同名の企業が発行) が挙げられる。このトレンドブックの編集者は「ワールドツアー」と称して世界各国を訪問し，流行している物や店を観察しているという。彼らはその観察を通じて"時代の空気"を先読みし，近い将来のトレンドを予測・提案しているのである。

　実シーズンの約1年半から1年前になると，フランスのパリやイタリアのミラノで糸や生地の展示会が開かれる。糸の展示会としてはフランスの「エクスポフィル」やイタリアの「ピッティ・フィラティ」が，生地の展示会としてはフランスの「プルミエール・ヴィジョン」やイタリアの「ミラノウニカ」が，それぞれ代表的である。この展示会の主催者には，インターカラーの選考委員も加わっており，展示会に参加する糸や生地のメーカーに対して，見本はインターカラーで染めるよう依頼しているという。展示会は，後述するコレクション参加デザイナーやアパレル製造卸のバイヤーが訪れ，商談を行う場であるが，彼らが素材を見てデザインのインスピレーションを得たり製品企画の方針を決定したりする機会にもなっている。それゆえ，展示会はのちに特定の素材やインターカラーが流行するのを促進する役割も果たしていると考えられる。

　続いて，実シーズンの約1年から半年前になると，それまでに提案・発表された素材・色・デザインを基にデザイナーが創造性を加味した高級既製服(プレタポルテ)のショーが，四大コレクションの場で発表される。四大コレクションとはニューヨーク，ロンドン，ミラノ，パリのコレクションのことであり，春夏物と秋冬物に分けて年2回，毎年この順に開催される。その後，国内大手アパレル製造卸が，コレクションの作品を参考にしつつ日本市場向けにアレンジした商品を企画しサンプルを作った上で，小売店向けの展示受注会を開く。

　最後に，実シーズンの約半年前から実シーズンにかけて，国内中小アパレル製造卸が追随して商品企画・生産を行う。この頃には，小売店の中でも百貨店やセレクトショップといった高感度な消費者向けの店では，約2年前から仕掛けてきた流行が形となった商品が既に並び始めている。アパレル製造卸は，実売動向に応じて特定商品を迅速に追加発注する「クイック・レスポンス(QR)」という仕組みを整えているため，人気商品はさらに売上を伸ばしていく。この実シーズン直前や実シーズン初期に店頭や街頭で見られるトレンド情報を参考

にしながら，これに続いて中小アパレル製造卸や，総合スーパーなどの中・低感度小売店が，生産や仕入れ，販売を開始するのである。こうして，実シーズンには大衆消費者の目にも分かるような広がりをもって，流行が立ちあがってくるのである。とはいえ，その流行は長続きしない。なぜならその頃には，別の切り口で時代の空気を表現すべく，2年後のトレンド予測と商品開発が始まっているためである。このアパレル業界における商品開発スケジュールの繰り返しにより，アパレルの流行は生成と消滅を繰り返していくのである。

なお，以上のスケジュールの中では，市場における流行の時期・規模および流行商品の価格帯もおのずと決まってくる。まずハイエンドマーケットできわめて高価格のプレタポルテが発売されて流行の芽が出ると，続いて百貨店やセレクトショップといった小売店で売られる高価格商品にはやや小さな流行の兆しが見られるようになる。さらにファッションビルや駅ビルで手の届く価格の商品が並ぶと流行はいっそう拡大し，最後に総合スーパーや量販店で低価格の商品が発売される頃に流行の規模はピークに達しているのである。それゆえ，一般消費者がファッション性と値ごろ感の両方を備えた商品を手に入れるには，「流行を後追いする量販系企業がマスマーケット向けに大量生産，低価格販売を実現するワンシーズン後になるものと相場が決まっていた」（齊藤 2009）。このこれまでの"相場"を覆したのが，次に述べるファストファッション企業である。

4 ファストファッションのビジネスモデル

4-1 ファストファッションの定義

ファストファッションという用語の定義に関しては，「適正な製品を適正な時に適正な場所へ運ぶことで市場の需要を満たすためのリードタイム短縮」(Hayes and Jones 2006) や，「アパレル企業が最新のトレンドに商業的に対応するために用いる様々な戦略」(Moore and Fernie 2004)，といった記述がある。これらの記述より，必ずしも確固たる定義があるわけではないものの，リードタイムを短縮しつつ，最新のトレンドをとらえたアパレルを，（趣味性が強いものや個別顧客向けに特注するものとしてではなく）あくまでも一般大

図表5-3 主なファストファッション企業

企業名 (本国)	創業年 (主要ブランド)	売上高 (決算期)	出店国・数 (年月)	デザイナー数	内製率
ヘネス・アンド・マウリッツ (スウェーデン)	1947年	1兆4,774億円 (2011年11月)	43ヵ国・2,472店 (2011年11月)	約100名	0%
インディテックス (スペイン)	1963年 (1975年ザラ)	1兆3,759億円 (2012年1月)	82ヵ国・5,527店 (2012年1月)	約200名	40%
しまむら (日本)	1953年	4,664億円 (2012年2月)	2ヵ国・1,742店 (2012年2月)	0名	0%
アルカディア (英国)	1900年 (1964年トップショップ)	3,385億円 (2011年8月)	36ヵ国・約3,100店 (2011年8月)	22名 (2007年トップショップ分)	不明
ポイント (日本)	1953年 (1992年ローリーズファーム)	1,059億円 (2011年2月)	3ヵ国・747店 (2011年2月)	5名 (2010年9月)	不明
ハニーズ (日本)	1978年	599億円 (2012年5月)	2ヵ国・1,195店 (2012年5月)	25名	5%
参考:ギャップ (米国)	1969年	1兆1,156億円 (2012年1月)	39ヵ国・3,263店 (2012年1月)	不明	0%
参考:ファーストリテイリング (日本)	1949年 (1989年ユニクロ)	8,203億円 (2011年8月)	11ヵ国・2,088店 (2011年8月)	約100名	0%

(注) ハニーズの店舗数のうち海外は直営店のみを含む。
(出所) 各種資料より筆者作成。

衆向けにビジネスとして提供することを意味する言葉だと言えよう。すなわち,本章冒頭で述べたとおり,ファストファッションとは一般的に,商品の企画から生産までが迅速(ファスト)であることに加え,商品のファッション性が高く,マスマーケットに受け入れられるほど安価であるという3つの特徴を併せ持つ。つまり「はやい・うまい・やすい」というファストフードになぞらえると,「はやい・おしゃれ・やすい」と言えるのである。

通常,生産コストを下げるには,協力工場に対して納期を長く提示する必要がある。また,その場合は,流行に左右されないベーシックなデザインの方がよい。こうして,ベーシックなデザインを大量に,かつ実シーズン前に余裕を持たせて発注することで安価で販売できるようにしている典型例が,ファーストリテイリング(主力ブランドはユニクロ)のビジネスである。これに対して,

ファストファッション企業はなぜ，最新の流行をふまえたファッショナブルなデザインを採用しながら低価格性を実現できるのだろうか。

そこで次節ではファストファッションのビジネスモデルの特徴とそれを成立させる要因について説明する。

4-2　ファストファッションの成立要因

ファストファッション企業が従来の商品開発スケジュールを大幅に短縮しながらも，ファッション性の高いアパレルを安価で提供できる理由は，外部の協力企業を活用しながら，グローバルな規模で企画・生産・販売できるビジネスモデルを構築しているためだと言える。以下ではより具体的に，①トレンド情報入手，②生地の買い付け，③デザイン・商品企画の買い付け，という3点に分けて説明する。

4-2-1　生地の買い付け

まず，生地の買い付けについてである。ファストファッション企業の中には，ザラ（ZARA）を展開するインディテックスのように生地メーカー出身のものもあるが，多くの企業は生地の生産を行っていない。そうではなく，生地メーカーがあらかじめ送付したり商談の際に持参したりする「スワッチ」と呼ばれる見本を基に，生地を選んで，商品を企画するのである。他方，大手製造卸企業も生地メーカーから生地を仕入れてはいるが，生地メーカーに対して「このような生地を作ってほしい」と提案しているため，生地開発に携わっていると言える。生地開発にはそれなりの時間を要する。例えばプリント（捺染）であれば，生地のデザイナーにより図案が起こされた後，配色が決定され，柄をプリントする原版の彫刻という過程に移るのである。あるいは，織物や編物であれば，どの色で染めるかを決定し，まずは試験的に生地見本を染めて染まり具合や発色などをチェックする（「ビーカー確認」と呼ばれる）。これは，同じ染料で同じ時間染めたとしても，織物の素材などにより染め上がりの状態が変わるためである。ファストファッション企業はこうした一連の生地開発プロセスを省略し，既に在庫のある生地を用いて商品を企画しているのである。

4-2-2　デザイン・商品企画の買い付け

　次に，デザイン・商品企画の買い付けについてである。生地が出来上がると，次はデザイナーの描いたデザイン画をパターンナーが型紙に起こす。さらに，仕様書により，使用する生地に加えて副資材や寸法も指定されているため，それを基に商品サンプルが出来上がる。その後は，商品サンプルの品質検査が行われる。これは仕様書どおりに出来上がっているかのみならず，縫製の具合や，さらには洗濯した後の収縮率や色落ちしない度合い（染色堅牢度）など検査するものである。検査結果によっては，サンプルを何度も作り直すこともある。この検査により一定水準の品質に達していることが確認されると，本生産される。

　このうち，大手アパレルメーカーが行っているのはデザインと仕様書の作成であり，生産は外部の協力工場が担っているというのは，上述のとおりである。これはOEM（Original Equipment Manufacturer）調達と呼ばれる。ファストファッション企業の中でも，例えばインディテックスには200人，H＆Mには100名ほどのデザイナーがいるとされ，こうした企業は自社で企画した商品を世界各地の工場に生産，納品してもらっている。サンプル生産と検品は自社が行っているが，大手アパレルメーカーがこの確認を数回繰り返すとすると，これらファストファッション企業は1回で済ませたりする。

　ところが，ファストファッション企業の中には，Forever21やポイントのようにデザイナーがほとんどおらず，デザインや商品企画そのものを他社から買い付けているものがある。これはODM（Original Design Manufacturer）調達と呼ばれる。この場合，ファストファッション企業は，「大人のマリンルック」といった当該シーズンのテーマを提示するだけであり，デザイン・仕様書・商品サンプルを作成するのはODM企業である（ただし，生産は必ずしもODM企業が担っているわけではなく，やはり外部の協力工場が実施している場合がある）。ODM企業が既に商品サンプルまで作っている場合，ファストファッション企業はそのサンプルを見て完成品を買い付ければよい。この場合，買い付けた商品について，ファストファッション企業は品質検査をせず，逆にODM企業に対してサンプル提示時に品質検査証明をつけておくよう指示することもあるという。この場合は商品検品の時間が不要となる[2]。

こうしてファストファッション企業は、生地の企画・生産・検品のみならず、商品の企画・生産・検品プロセスも短縮している。その結果、前掲図表5-2のように、実シーズン直前から実シーズン中にかけて短期間で商品の企画から生産まで行うため、ファッション性の高い商品を提供できるのである。

4-2-3　トレンド情報の入手

最後に、トレンド情報の入手である。コレクションブランドが参考にするインターカラーやトレンドブックは、社会や時代の方向性を予測し、1年半～2年後に流行する商品は「大体このような感じ」と、やや抽象的な提案をするものである。これに対して、ファストファッション企業にとってのトレンド情報源は、街頭での観察（ストリートウォッチング）や「ファッションリーダー」と呼ばれる芸能人や読者モデルのブログやスナップ写真、そして自社および他社の売れ筋商品などであり、つまりは実際に出回っている商品なのである。それゆえ、ファストファッション企業は「（コレクションブランドの）ショーの数日以内にその外観を複製し店頭に並べられることに自信がある」（Moore and Fernie 2004）、「たいていはショーや有名人のスタイルから強く影響を受けており、時には複製」（Economist誌 2005）、「一流ブランド服のコピーを早く安く販売する『なんちゃってラグジュアリー』」（中野 2006）（以上、カッコ内・傍点ともに引用者）などと、その模倣行動への批判が寄せられてきた。

だが、インターネットの普及により、いまやこうした批判は成立しにくくなっている。ファストファッション企業はデザイナーがコレクションで発表した作品を商品企画や買い付けの参考にしているが、このショーには招待客しか入れない。よってかつては、招待されたごく少数の雑誌社（例えばELLEやVOGUE）がショーの数ヵ月後にその内容を自誌に掲載するまでは、コレクションブランドを参考にして商品を企画することはできなかった。だが、デジタルカメラやインターネットの普及に伴い、雑誌掲載前にコレクション情報が漏れてしまうという事態が頻発したため、今ではコレクション後に、ブランド自らがインターネット上で作品を公開している。これにはブランド自身のサイトに加え、ELLE.comやStyle.comなどのファッション誌のサイトがあり、最近ではWGSNのように各ブランドの作品のみならず世界中のトレンド情報を

網羅するデータベースサイトまで登場している。さらには、ショーの最中にその模様をインターネットで配信して生中継するのも一般的になり、中にはバーバリーのように3D映像で配信するブランドまで現れた(『日経MJ2010年2月24日号』)。こうした動きは、どうせ模倣されるなら、先に作品を公表してオリジナルであることをはっきりさせておきたいというブランド側の意図によるものであろうが、このためにファストファッション企業は各ブランドのショーで共通して見られた傾向を把握し、数日中に商品企画や買い付けに活かせるようになったのである。

以上の3つの要因により、ファストファッション企業はリードタイムを短縮できるために、流行の後追いではなく流行に追いつきながら商品を企画・生産し、安価で販売できるのである。

5　ハニーズのビジネスモデル

本章冒頭に述べたとおり、2008年から2009年にかけてH＆MとForever21が上陸したことで、日本のアパレル製造卸企業の売上のうち約1,000億円分がこれらファストファッション企業に奪われたと推測されるという。こうした中、日本企業の中にも、ファストファッション型のビジネスモデルを構築したものがある。そのうち本節では、福島県に本社を置く地方企業でありながらファストファッションモデルを構築し、中国にも多数の店舗を出店するなどグローバル企業を目指している㈱ハニーズを取り上げ、前節までに説明したビジネスモデルの詳細を見ていく。

ハニーズの店舗には、毎週1度新製品が届く。これは、同社が新商品の企画を毎週1回行っていることを意味する。また、商品企画が固まってから店舗に商品が配送されるまでの期間は、平均するとわずか40日であるという。このようにごく短期間で商品開発を行うことについて、社長の江尻義久は競馬にたとえ、「第4コーナーで馬券を買えば外さない」(インタビューより)と述べている。つまり同社は決して流行を大胆に予測したり、流行の発生を仕掛けたりはせず、むしろ現在の流行をふまえて即座に商品開発に活かしているのであり、まさにファストファッション企業の典型例だと言える。

5-1 ハニーズの沿革

　ハニーズ社長の江尻義久の両親は，福島県のいわき市・小名浜で帽子の小売りを行っていた。だが，流行の少ない帽子だと買い替え需要が発生しないため，売上は伸び悩む。そこで江尻は帽子ではなくアパレルを販売しようと，1978年にハニーズの前身となる有限会社エジリを創業した。当時はデザイナーとパターンナーないし営業担当の数名でマンションの一室で起業するため，「マンションメーカー」と呼ばれるデザイナーズブランドが東京・原宿に続々と誕生しており，ここから商品を仕入れて販売していた時期もあったという。だが，これら高感度商品は小名浜では値段が高すぎて売れなかった。そこで江尻は，最も流行が生じやすいと思われる若い女性向けのアパレルを，感度を維持しながら手頃な価格で販売するという決断をした。これが現在でも同社が守っているコンセプト「高感度・高品質・リーズナブルプライス」である。

　ハニーズには福島県いわき市に従業員約50人の縫製工場があり，小規模ながら生産を行っているが，自社でデザイナーとパターンナーを抱え商品企画も手掛けるようになったのは，企画・生産を行う㈱ハニークラブを設立した1985年のことである。つまりハニーズグループは，小売業を出身母体とする企業が後方統合した形のSPAである。とはいえ，自社でのものづくりはそう簡単ではなく，不良在庫を抱えたりもしたという。だが，小売業出身のハニーズには小売店があったために，消費者の求める商品に関する情報を店頭で取得できたことから，試行錯誤しつつも徐々に自主企画および生産ができるようになった。だが当時の自主企画品の比率は，ピーク時でも3割くらいであった。

　ハニーズがファストファッション型に転換したのは，2001年からである。同社は1991年から海外生産を開始していたが，ユニクロのフリースが大ヒットした2000年前後から中国のものづくり能力が向上してきたことから，中国での生産を増加させたという。だが当時は商品の企画から納品までに2，3カ月かかっていた。これでは上述した同社の目指すコンセプトは実現できない。この感度と価格とリードタイムのバランスについて，インタビューで江尻社長は次のように語った。

　「コレクション情報は，モード系ファッション誌を買って入手してはいるが，それを基にすぐに作りはしない。アパレルメーカーはそれを自分流にアレンジ

してものづくりをするが，うちはどちらかと（流行を）引きつけて。（ワンシーズンに示される）10から50のファッション傾向のうち，中には外れるものもある。うちはチェーン店として，安く売って外れたのでは，マージンが少ないので大変。引きつけて，引きつけて，やった方がよく，そのために早く作る必要がある。どうやったら35，40，45日くらいで作れるかと。それを考えたのがうちのビジネス」（カッコ内は筆者による補足）。

　こうして21世紀に入り，同社はファストファッション型のビジネスモデルを構築していった。その結果，現在では自主企画品の比率が91％にまで高まっている。このモデルの詳細は次のとおりである。

5-2　ハニーズの商品開発スケジュール

　先述のとおり，同社の商品開発スケジュールは1週間単位で動いている。実

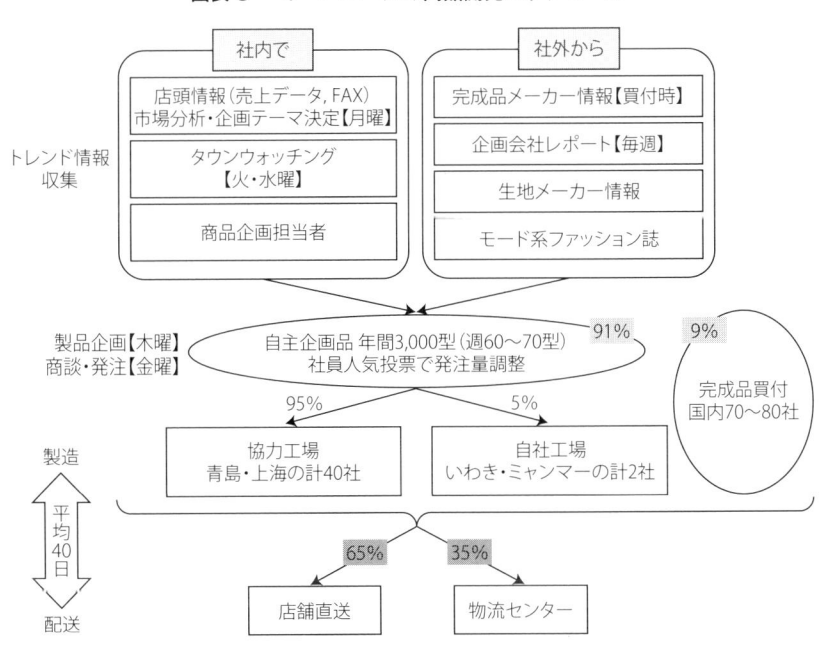

図表5-4　ハニーズの商品開発スケジュール

```
                    ┌─社内で─┐        ┌─社外から─┐
                    │店頭情報(売上データ,FAX)│ │完成品メーカー情報【買付時】│
                    │市場分析・企画テーマ決定【月曜】│ │企画会社レポート【毎週】│
  トレンド情報収集   │タウンウォッチング│  │生地メーカー情報│
                    │【火・水曜】    │  │モード系ファッション誌│
                    │商品企画担当者  │  │                │
                              ↓        ↓
  製品企画【木曜】   ┌──自主企画品 年間3,000型（週60～70型）──┐ 91%    9%
  商談・発注【金曜】 │   社員人気投票で発注量調整             │     ┌完成品買付┐
                              │95%          │5%                  │国内70～80社│
                              ↓              ↓
  製造              ┌協力工場        ┐  ┌自社工場        ┐
                    │青島・上海の計40社│  │いわき・ミャンマーの計2社│
           平均40日            │            │
                              65%          35%
                              ↓            ↓
  配送              ┌店舗直送┐      ┌物流センター┐
```

（出所）インタビューを基に筆者作成。

シーズン中に多頻度で迅速な商品開発を可能にしている同社のトレンド情報収集・商品企画・発注・納品の仕組みは，図表5－4のとおりである。

同社のトレンド情報源は社内外に多数あり，その中にはモード系ファッション誌に掲載されているコレクション情報なども含まれる。しかし，商品開発を実シーズンにぎりぎりまで引き付ける同社の主要顧客は，決してコレクションブランドのプレタポルテやセレクトショップを愛用するような高感度な消費者ではない。同社の強みは，消費者にとって"今，流行っているもの""今，欲しいもの"を低価格で提供できることにある。よって，同社において重視されているのは，店頭での実売データという量的データと，店頭での顧客の声および「タウンウォッチング」で得た街頭トレンド情報という質的データである。

まず，毎週月曜になると，全店から前週の販売実績データが集計される。この店頭情報としては，「何が何枚いくらで売れた」という売上データがある。だが，この量的データに加え，同社の商品企画においてより重視されるのは，各店からのFAXの自由記入欄に書かれた質的データである。この欄には，「競合店ではこのような服が売れている」「うちにもこのような服があったらよかった」といった，販売員が顧客との会話や観察により得た感想や印象が書かれており，江尻社長も目を通すほど重視されている。これらの"今"市場で起きていることをふまえて，その週の企画のテーマが決定される。

同社が重視するもう1つの情報は，社員が街頭観察で得た情報である。毎週火曜は，商品企画担当者やデザイナーら40名弱が早朝から東京に向かう。彼女らは東京に着くと，渋谷，原宿，丸の内といった地域にそれぞれ散らばっていく。渋谷であれば若い女性に人気のファッションビル「109」の前に立ち，通行人や同ビルに入店する女性を観察する。その目的は，どのようなデザインや色のアパレルのどのような着こなしが東京で今人気を集めているのかについて，実際の消費者を見て感じ取ることであり，特に気になったものはその場でスケッチしていくという。これが同社の「タウンウォッチング」，すなわち街頭でのトレンド情報の収集活動である。

商品企画担当者は，他にも東京事務所にいて店舗管理を担当するオペレーションマネジャーやスーパーバイザー，ブロックリーダーからの情報や，商品企画会社からのレポートなども参考にしつつ，企画をまとめていく。ただし，

いくらファストファッションであるといっても，企画してから納品されるまでには1カ月ほど時間がかかるため，今流行っているものをそのまま企画にすると1カ月後にはやや流行遅れになる。よって，コレクションブランドやアパレル製造卸企業ほど流行を先取りせず，かといって現在の流行をそのまま取り入れるわけでもなく，1カ月後に流行しそうという意味で現在の「半歩先」（江尻社長へのインタビューより）を行うような商品を企画しなければならない。これが難しい点である。

こうして木曜になると，社長や企画担当者計30人ほどが出席し，会議が開かれる。担当者がそれぞれ自分の企画について説明した後，他の参加者から意見が出され，最終的に商品化するか否かが決定される。同社の新商品数は現在，年間3,000型であるため，1週間で企画される商品デザインは60～70型に及ぶ。なお，こうして商品化が決まったアパレルについては，その後社内に公表されて人気投票が行われる。そこで多くの社員により人気が出そうだと判断された商品は発注量を増やすというように，発注量の微調整が図られている。

金曜は，中国の協力工場の担当者が商談のためにハニーズ本社を訪れる日となっている。前日に商品化が決まったものについて，どの生地を用いて，いくらで何枚を，いつまでに生産・納品するかといった内容が協議される。具体的には，青島や上海にある約40社が交代で，1週あたり6～7社が商談に来るという。1社に対する1回あたりの発注量は1万2,000～3,000枚，発注金額は1億円規模に上るケースもある。こうして商談を終えた企業は平均40日後に納品することになる。これら同社の自主企画品のうち，自社開拓工場で生産してもらっているものは，納期・品質・通関・船積みといった従来は商社が管理するような作業を，ハニーズ自ら行っている。これは同社が，信用状の開設を含む貿易業務も自社で行えるためである。加えて，同社では中国で商品を検品し店舗ごとに仕分けした上で船積みするため，商品を日本で改めて仕分けする必要はなく，直接店舗へ配送される。この分が全体の65％を占める。残りの35％は，同社が2004年に本社近くに整備した巨大な物流センターに配送される。商品には単品管理可能なタグがついており，自動ソーターという機械が自動で店舗別に商品を仕分ける機能も備えられているため，当日15時までに店頭から届いた注文に関しては，その日のうちに出荷できるという。こうして，ハニーズのビ

ジネスモデルには在庫リスクがつきまとうものの，代わりに製造から納品までおよそ40日という短サイクルを実現できるのであり，江尻社長によるとアパレル製造卸企業以外でこうした自社完結モデルを構築したのは，日本では同社くらいであるという。

　以上の自主企画品が点数比91％を占める一方，同社で販売される商品の9％は，他社が企画した完成品を買い付けたものである。江尻社長は，自主企画品の比率をさらに高めることは可能だが，あえて約9割でとどめているのだと語った。社内の人間だけで製品を開発すると，トレンドの芽をつかみ損ねたり，次のトレンドの予測を外したり，新鮮な発想や企画が出なかったりするといったリスクがある。これを回避するために，複数の取引先に商品を卸し，それゆえ他の小売店における人気や実売動向を知っているようなメーカーからの完成品買い付けを，現在もなお維持しているというのである。

中国への進出と現在の課題

　2001年以降，このファストファッションモデルを構築した同社の業績は急激に拡大していった（図表5-5）。

　店舗および商品デザインや販売枚数が拡大するに伴い，協力工場の開拓も必要になる。ファストファッションの第3の特徴である低価格の実現には，人件費の安い海外での生産が欠かせないためである。この点についてハニーズは，中国での生産を開始した当初こそ日本の大手アパレルメーカーへの納品実績がある工場を商社に紹介してもらったものの，その後は工場による他工場の紹介がなされたことで，取引先を拡大できたのだという。ハニーズはファストファッションの実現のためにCAD／CAM（コンピュータを活用した設計・生産）システムや仕様書データ送受信システムを工場に導入させたが，この初期投資は重荷であるため難色を示された。しかし，この投資により，工場がハニーズ以外の日本企業からも生産を受注できるようになると，むしろハニーズは感謝されたという。さらに，生地，カットソー，ニットのいずれかに特化する各工場は，自社と同じ製品を取り扱わないために競合しないような工場であれば，いくらでも紹介してくれたのだという。工場にとって，日本企業ということで品質管理が厳しく，それゆえ品質向上の機会となり，かつ商談1回あた

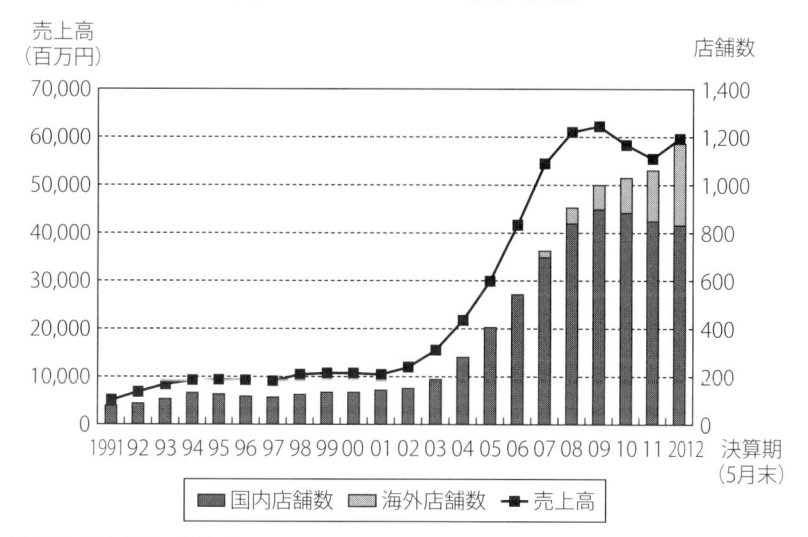

図表5-5　ハニーズの業績（連結）

（注）海外店舗分は直営店のみ。

り1億円規模となる場合もあるハニーズとの取引は十分魅力的だったのだろう。こうしてハニーズは取引すべき企業だという評判は中国の青島（韓国資本企業が多い）や上海（中国資本の企業が多い）といった工場集積地において口コミで伝わり，協力工場が増えていったのだという。

さらに同社は，中国を生産地としてのみならず消費地としても開拓していった。2006年に直営店を開設した後，2012年5月末時点で中国に，直営361店・フランチャイズ29店を展開するに至っている。

6　おわりに

以上，本章ではファストファッションのビジネスモデルについて述べてきた。最後に，ファストファッションモデルの普及により生じている負の側面について，ファストファッション企業側とこれに対抗するアパレル製造卸企業側の両方から指摘する。要点を先取りすると，ファストファッション企業にとってはグローバル競争の激化，アパレル製造卸企業にとってはデザイン・商品企画力

の低下が，それぞれ生じているのである。

　まずファストファッション企業にとっては，グローバル競争の激化と生産コストの上昇が同時に起こっていることが問題である。例えば東京の銀座エリアだけをとっても，百貨店の松坂屋が2010年4月に，本来ならば競合するはずのファストファッションを味方につけるべく，銀座店にForever21をテナントとして入居させた。これにより同エリアは，わずか150メートルほどの圏内に，Forever21，ZARA，H＆Mの店舗が揃い，ファストファッション企業の集積エリアとなっている。広告費をかけないファストファッション企業は，代わりに店舗の内外装や立地の良さで消費者の注目を集めようとするため，好立地エリアに店舗が集中するのは当然であり，消費者の回遊性が増すためいっそう集客力が向上するというメリットもある。だが，この状況下では消費者が容易に価格や品質を比較できるという意味では，ファストファッション企業側は生産コストの削減と品質の向上をさらに追求しなければならなくなっている。ところが中国は経済成長とともに人件費も高くつくようになった。各社は「チャイナプラスワン」といって，中国以外にもう1つの国で生産拠点を確保するため，バングラデシュやベトナムなどに進出しているが，こうした地域でそれなりの品質で生産できる工場は限られているため，工場の奪い合いが生じている。特に生産枚数の少ない日本企業は，グローバルに販路を持つファストファッション企業に比べてその生産枚数は工場にとって取るに足りないほど少ない。これまで工場側にとって日本企業は，品質管理にうるさいために生産技術の向上が見込め，滞納や事後の値引きなどのないクリーンな支払いをしてくれるために，取引する価値があったという（業界関係者へのインタビューより）が，これらが見込めなければ，工場側にとってわざわざ取引する存在ではなくなると懸念されているのである。

　この問題はハニーズも直面したものである。同社の協力工場は従業員数300〜500人規模だったが，2009年に店舗数が1,000店を超え，1回あたりの発注量が増えると，この規模の工場では40日くらいで納品することが難しく，納期の遅れが目立ってきた。「半歩先」の流行を予測して商品化する同社にとって，納品が流行に間に合わないことは致命的であり，社長によると2010〜11年頃の業績低迷はこのためだという。そこで同社では，従業員数千人程度の協力工場

開拓を進めた。これは，1,000店以上を抱えるハニーズの発注規模だからこそ実現できたものと思われる。同時に同社はチャイナプラスワン戦略として，民主化によりビジネスチャンスが見込まれ，かつ特恵関税制度を利用できるミャンマーに，同社初となる海外自社工場を2012年に設立した。今後ハニーズからの技術指導もかなり必要だと思われるが，同工場の従業員数を当初の400人から3年後には3,000人まで増やす計画であり（『日本経済新聞』2012年8月16日），2013年2月末現在では880人が働いているという。

　次に，アパレル製造卸企業側の問題についてである。ファストファッション企業にとっては，コレクションブランド自らインターネット上で作品情報を発信するようになったため，正当な手段でトレンド情報を入手できるようになったという追い風が吹いたこともあり，「模倣」や「複製」などという批判は受けにくくなった。よって，もはやファストファッション企業を批判できない大手アパレル製造卸企業の中には，その代わりに自らもファストファッション業態に進出するという行動により，ファストファッション企業に対抗する動きを見せるものが出てきている。ところが，この動きはファストファッション企業への対抗手段となるどころか，なおいっそうアパレル製造卸企業の商品開発力低下を招いているとも指摘されている。

　より具体的には，ファストファッション企業と同様の商品開発方式を大手アパレル製造卸企業も採用し始めた結果，日本のアパレル製造卸企業にはデザイナーではなく「セレクター」しかいなくなったという皮肉や懸念が，業界内で見られるという。従来，日本のアパレル製造卸企業は，生産は協力工場に委託するとしても，製品企画・仕様書作成は自社が担うという，OEM調達を行っていた。だが，工場側がファストファッション企業のODM生産を受託する中でデザイン能力を向上させるにつれ，アパレル製造卸の中にも協力工場には商品コンセプトだけを伝え，デザイン・商品企画および生産まで全てを工場に任せるものが現れたというのである。こうなると，デザインは「○○という雑誌のサイト上に掲載されている，パリ・コレ参加AブランドのB作品のスタイルで」，カラーや生地は既に工場が在庫として抱える中から「スワッチ」と呼ばれる見本を参考にして「C色のD生地で」と，それぞれ選択・指定するだけでよい。実際に，いまや日本のアパレル製造卸企業よりも，中国の生産工場

の方にこそ，デザイナーやパターンナー，仕様書を作成できる人材が揃いつつあるのである。

　上述の商品開発プロセスにおいて，大手アパレル製造卸企業の商品企画および生産に時間がかかっていたのは，それだけ完成度の高いものづくりを追求していたためである。素材メーカーには必要ならば新素材の開発をさせ，プリント製品であればその図案作りに加わり，こうして生地ができるとその性能を何度もテストし，縫製後の製品サンプルも何度も作り直してもらう―これらの一連の作業には最低でも半年程度は必要だったのである。だが，こうした過程を経ずにファストファッション企業と同様の商品開発を行うのであれば，大手アパレル製造卸企業の商品企画力やファッション提案力はいっそう低下してしまう。かつ，その販路はファストファッション企業の小売店舗数に遠く及ばないため，発注量や生産コストの面でもファストファッション企業に劣ってしまう。これらの問題をふまえると，大手アパレル製造卸企業がファストファッション企業への対抗策として同業態に進出することは，必ずしも得策ではないと言える。

　はたして日本のファストファッション企業はグローバル競争に勝てるのだろうか。また国内アパレル製造卸企業は，ファストファッションモデルを追求するのだろうか，それとも原点に戻ってデザイナー育成を含む自社のデザイン能力向上に努めるのだろうか。また，こうした意思決定により，各社の業績に差がつくとともに，多数の中小企業が分業するという非効率性を抱えたまま成長してきた日本のアパレル産業全体のさらなる再編ももたらされるのだろうか。今後も目が離せない。

（北村　真琴）

謝辞
　2009年3月17日に本社で，4月8日に東京事務所で，㈱ハニーズ社長の江尻義久様にインタビューを実施した。ここに感謝申し上げたい。

注
1　生地には他に，織らないが繊維を絡めることで布のようにする不織布もあり，

フェルトなどがこれに該当する。
2 筆者による業界関係者へのインタビューでは，ODM 企業の出身母体に注目すると生地コンバーターが生地の使い道（商品化）まで考えるようになった例，縫製工場がデザイン能力を持つようになった例，企画会社と呼ばれる商品企画・仕様書設計を担う企業が生産工場も受約できるようになった例，これらのマネジメントやブランド開発をしていた商社のアパレル担当チームが独立した例など，さまざまなタイプがあり，国内だけで数万社あると推定されるという。

参考文献

齊藤孝浩（2009）「『ファストファッション』って何？」『エコノミスト』2009年7月21日号

繊研新聞社編著（2009）『繊維・ファッションビジネスの60年』繊研新聞社

中島美佐子（2005）『よくわかる化粧品業界』日本実業出版社

中野香織（2006）「モードの方程式：ラグジュアリー」『日本経済新聞』2006年4月7日夕刊

Hayes, S. G. and N. Jones (2006), "Fast Fashion: A Financial Snapshot," *Journal of Fashion Marketing and Management*, 10 (3), pp.282-300.

Moore, C. M. and J. Fernie (2004), "Fast Fashion," in Bruce, M., C. M. Moore, and G. Birtwistle ed., *International Retail Marketing : A Case Study Approach*, Elsevier Butterworth-Heinemann, pp.31-34.

『日経 MJ』「英バーバリー，新作コレクション３Ｄ配信」2010年2月24日

『日本経済新聞』「百貨店の衣料，東南アで生産」2012年8月16日

The Economist (2005), "The Future of Fast Fashion," *The Economist*, 375 (8431), p.63.

6章 組織連携による食・農業事業の革新性
生産集団・和郷園と経営戦略集団・㈱和郷のビジネスの躍進

1 はじめに

　食糧並びに農業事業を取り巻く厳しい国際競争環境の下，我が国の農家・農業事業の抜本的改革が急務の課題として存在している。如何に，安定的な生産体制を確立し，組織的なネットワークを構築して現代農業事業の価値を創造するのか。この大きな命題に対して，多様な展開が始動してきている。そこには，個別農家が家族経営で営む，いわゆる「農家」という従前の事業形態とは異なる，新たな大規模経営，個別の生産者が集団となり，互いの強みの連鎖を図る組織形態で新たな価値創造を目指す活動系が存在している。新たな連携型による価値創造指向の確かな組織形態である。

　一般に，今日の企業経営における大きな変革として，新たな企業関係の構築，連携型事業展開を実践する組織活動への転換がある。これまでは，概ね，自社で必要なすべての活動を組織的に実践する，いわば，自己完結的な事業組織，活動であった。が，今日では，新たに，多くの企業が連携しながら，それぞれの企業の強みを発揮し，シナジー効果を生む，正しく，現代の事業課題に対するソリューションを模索するために連携し，ネットワークされた組織活動が活性化している。これらの活動は，根本的な経営の目標として，多様な戦略的アライアンスによる同業者間や異業種間で，業態を超えた活発な事業システムの提携や共同的な商品・サービス開発へと展開している。こうした企業活動の経営形態の大きな変革が，現在，第一次産業界が抱えている多くのソリューショ

ンのために，新たな価値を生み出す活動，展開への指針として影響を与えてきている。

近年，我が国の第一次産業，特に農業事業において，農・商・工連携あるいは6次産業化が，起死回生策モデル事業として提唱されているが，それらも，こうした企業形態の新たな組織化の重要性を踏まえた，国の新たな産業政策としての構想であり，まさに，その原型ともなる活動組織が既に存在している。

本章では，従来の農家の経営とは異なる，農産物生産以外の農業関連事業も取り込む，市場競争力を反映させた経営戦略集団としての㈱和郷と，その経営者である木内博一氏を中心に組織した，農事組合法人和郷園（以下，和郷園）の生産集団とが展開する，連携型農業のビジネスモデルの優位性を検討し，新たな事業価値を高める活動を通して，今後に求められる食・農業事業の活性化策としての戦略的視点を考察することとする。

2　㈱和郷の発想
　　―「農家」から「農業経営者」へ―

2-1　農業者の疑問，そして，和郷の創業

㈱和郷の原点，出荷組合としての活動は，1991年，木内博一氏を中心に5軒の農家有志で野菜の直販からだ。そして現在，㈱和郷の活動は進化を遂げ，食・農業ビジネスにおける川上から川下までの，生産，加工，流通，販売，その他の関連サービスを手掛けるまでに至る。

一般に，既存の農業事業体には，経済的採算性が取れない，付加価値が見出しにくいビジネスである，との認識があったことは歪めない。農家が，経営的視点を持たずに，先祖代々の生産活動を継続することを良しとしていたためである。また，㈱和郷が活動を始めた1990年代当時，多くの農家は，農業協同組合（以下，農協）に依存する活動形態が一般的であった。そのため，農家は，農協指導の下でもっぱら農産物生産のみに活動の重きを置いていた。木内氏らが開始した事業は，既存の農業事業ではあるが，その基底に，当時の農家が行おうとはしなかった，本来の市場競争力を持つことの重要性に気づき，農家から農業経営者への発想の転換がある。

90年代，当時の創業メンバーは，漠然とした疑問を持っていた。その疑問とは，農家は，何故，農産物生産事業しか行わないのか。何故，農産物生産事業以外の関連する事業，集荷出荷等の流通業務，販売業務，顧客対応業務等を農協や市場に任せきりなのか。何故，もっと経営者的視点を取り込む活動を行わないのか等々……，大きな疑問であった。

例えば，農産物販売価格と農家収入に関する課題である。つまり，農家が，農産物を再生産できない価格で販売する状況が存在していた。

農協が，農産物の販売に付随するパッキング作業を行い，農産物を市場で販売する。農作物は，様々な工程を経て，卸売業者，小売業者を経由し，最終的に消費者に届けられる。この一連の流通市場の中で，農産物販売価格には，パッキング費用，流通費用，保管費用，販売費用，人件費等が多段階で上乗せされる。その結果，農産物の販売価格は上昇するが，その販売価格の増加＝農家収入の増加には繋がってはいないのが現実である。中間流通業者の利益となるだけで，農家の収入増加には結び付かないためである。さらには，農産物余剰，輸入農産物の増加，小売業者による価格競争等により，農産物市場は買い手市場が形成され，市場での農産物販売価格の低下も問題となっていった。つまり，構造的に，農家が農産物を再生産できない価格で販売し，継続的に農業経営を行う収入を確保できないという悪循環に陥っていた。和郷メンバーが，農業を一生の事業，家業とするには大きな課題が立ちはだかっていた。

㈱和郷の沿革―創業期―

出荷組合として創業した和郷は，1991年に5軒の農家が，ゴボウ，人参，きゅうり，キャベツ，トマト，ホウレン草，ニラ，サツマイモ，ジャガイモ，ヤマトイモ，大根等の直販を，千葉県香取市で開始した。創業当初，組織形態は出荷組合であり，まだ株式会社ではない。この直接販売の活動には，新たに集荷，分荷，出荷等の流通機能としての活動も含まれていた。

当初の活動内容は，以下のとおりである。共同購入や個人宅配といった農産物の販路を少しずつ拡大していく中，91年2月に「ユーコープ」との取引を開始。この取引がきっかけとなり，出荷組合としての和郷は，組織として大きく前進する。95年4月には，「ダイエー」との取引を開始。そして，96年6月に

有限会社和郷として，組織を変化・転身する。有限会社に改組した理由は，次第に取引が増える中，法人格を有することで経営上の金融的問題解決への努力である。有限会社となり，比較的大きな取引先との契約も可能となり，資金調達が行いやすくなる等の成果が得られた。そして，㈲和郷は，同年9月に「首都圏コープ」，10月に「ちばコープ」との取引を開始し，その販路を確実に広げた。96年には，野菜売上高が5億円を超え，農産物販売事業は成長した。

―中期　㈲和郷の展開，その後の㈱和郷の躍進―

㈲和郷は，さらに事業領域を拡大していく。98年4月に栗源（くりもと）パックセンターを稼働，同年9月に牛糞堆肥化ラインを稼働。ここでは，小売業へパッキングした状態で農産物を卸すという提案，農産物生産のための肥料の内製化も進める。こうした新規事業により，新たな経営資源を保有した㈲和郷の商品開発は，活発化していった。販売事業から始まり，パッキング事業，肥料生産事業と確実に拡大する中，99年，「農事組合法人和郷園」が組織された。和郷園の詳細は後述するが（4－2），和郷園を一言で示せば，㈲和郷の農産物生産事業部門としての地域農家の再編成と言える。農事組合法人和郷園との連携が，後々の和郷の事業展開における最大の強みとなっていった。

2000年，和郷園との連携により，野菜残渣の処理・リサイクル事業が稼働し，和郷の事業活動はさらなる展開をみせ，01年には，野菜売上高が10億円超となった。03年3月に国の補助金を活用し，運営が開始されたHACCP仕様の冷凍加工センター「さあや'Sキッチン」での冷凍野菜事業が開始。04年12月，カット野菜工場が稼働しカット野菜事業も本格化した。

㈲和郷は，05年に株式会社和郷となる。図6－1に，㈱和郷の組織図を示す。組織変更の大きな理由は，次第に社員数が増加したことを踏まえ，より組織として社会的な活動体としての信頼を得ることにあった。それにより，企業活動が地域社会における信頼性を高め，新たな事業の高度化へと進んでいく。

㈱和郷の事業展開の中に，さらに農業事業の川下へ向けた戦略が採用されていく。川下事業の中心は，商品やサービス開発とその販売活動で，1．同地域内の有限会社風土村との連携，2．株式会社郷（ふるさと）「かりんの湯」との連携がある。風土村は，地域の道の駅，アンテナショップの要素を持つ施設で，そこで

は㈱和郷の農産物が販売され，農産物は風土村内レストランの食材としても使用される。また，かりんの湯は，㈱和郷の新たな地域貢献型の総合農園リゾート構想である。これら2事業については後述する（4-2）。

さらに，インターネットを通じた野菜の通信販売事業も展開する。05年には，海外事業部を設置し，タイでマンゴーやバナナの生産，輸出，販売の開始。06年にスーパー「OTENTO田園調布店」が開店し，都内の野菜情報発信基地として，野菜販売事業が開始。さらには，07年，中国で「OTENTO香港」を設立し，毎日，寿司店や日本食レストランへの鮮魚流通が，築地から香港へ空輸便で展開している。一見，農業経営とは無関係にも見える，香港への鮮魚流通

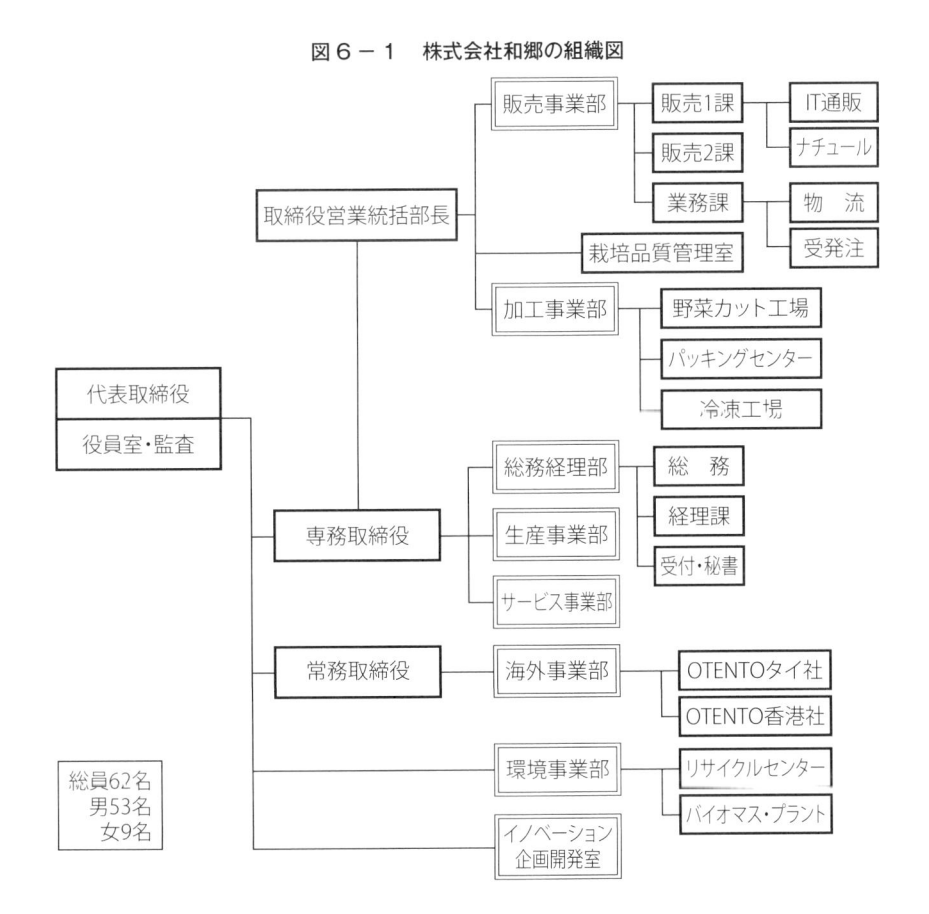

図6-1　株式会社和郷の組織図

事業は,今後,中国で農業生産組織を設立するために,上海での農産物生産事業設立への足掛かりとなる戦略と位置付けて進めている。日本国内のみならず,㈱和郷の商品・サービス事業は拡大している。

2-2 ㈱和郷の経営者としての認識

創業当時,日本の食・農業ビジネスが大きな変革期の中にあった(3-1で記述)。多くの農家が衰退する一方で,元は同じ農家であり,出荷組合を発端とした和郷メンバーが,ダイナミックに事業を展開できた大きな理由とは何か。それは,農業事業に対する経営意識のあり方といえよう。特に,当初の和郷代表である木内氏の経営意識には,今までの農家が持ち得なかった様々な経営意識があり,それが現在の㈱和郷の成功の背景にある。ここでは,『農業経営者』に木内氏が寄せた,農業経営についての考え方やあり方について紹介する。

―木内博一氏のコメント―

1. 「農業は製造業〜モノづくり産業〜である。…その本質は「続けられる」ことにある。その為に必須なのは経営の自律である」(『農業経営者』2009年5月 p.44)
2. 「農業者が自律するためには,被害者意識から脱皮し,農業というビジネスをもっと大きな視野から見渡さなければその答えは出てこない」(『農業経営者』2009年3月 pp.56-57)
3. 「農家が経営者としてやって当然の事まで農協に依存してしまっている」(『農業経営者』2009年10月 p.47)
4. 「農業を食品産業と見なし,自ら加工工場や物流などの事業フローを構築することで,その市場規模は大きく広がる」(『農業経営者』2009年8月 p.42)
5. 「ひとつの事業に磨きをかけるやり方は終わりを迎えた。事業を複数試みることで,常に新しい経営資源を確保できる」(『農業経営者』2009年9月 p.50)
6. 「毎年,オーダーなしの製造を繰り返す農業という業態。マーケットと乖離したこんな製造業がこの先,続けられるはずがない。お客様からのオーダーを元に再生産価格を確保する。それが農業者が目指すべき姿だ」(『農業経営者』2009年11月 p.42)

これらコメントのポイントは,以下のとおりである。

コメント1では,農業経営者の自律の必要性の指摘である。コメント2と

3では，事業内容と農業全体の現状把握の重要性を考え，農業ビジネスを俯瞰的に見て，農協依存からの脱却の実践と考える点である。**コメント４と５**では，引き続き，現状把握に基づき，経営戦略策定の必要性を提起する。農産物の生産，販売を計画なしに行うのでは，既存農家や農協が行っているビジネスと同様で，経営者は，成長性や付加価値を見出すために，農業事業での成長戦略を考え，何が必要かを常に考える点を指摘する。**コメント６**では，経営を行う上での経営理念のあり方を説く。消費者ニーズへの対応と事業継続可能な経営のあり方，これが今日の㈱和郷の経営理念である。

以上，木内氏が実行したのは，正に，「農家」から「農業経営者」への意識変革である。これにより，その後の㈲和郷，㈱和郷で実践されたダイナミックな事業展開や様々な革新が今日の成功に繋がっていった。

2-3　㈱和郷が展開する食・農業事業の構想

㈱和郷の事業展開を，現在の食・農業ビジネス全体のフレームの中で，その活動領域，事業の展開経緯を踏まえて，図６-２に示す。図の表頭は，食・農業ビジネスに参加する組織を示し，農業及び農業事業関連業種に属する組織として，未法人，農事組合法人，有限会社，株式会社，合資合名会社。食品加工，その他，生産支援・技術支援に属する組織として，その他企業，農協，地方公共団体である。表側には，第一次産業から第三次産業までの事業展開の領域を示す。

少数農家が連携して組織運営を始め，㈲和郷，そして㈱和郷へと組織変革するにつれ，その事業領域が，第一次産業から，第二次，第三次産業へと拡大していった経緯が見える。また，㈲和郷が事業拡大する中で，地域農家と共に和郷園を組織し，両組織が連携することで，㈱和郷の事業を支えていることも窺える。さらに，現在，㈱和郷は，同地域内の他企業とも連携し，地域の中で，農業関連事業をダイナミックに推進している。

図6-2　和郷における事業活動の展開経緯

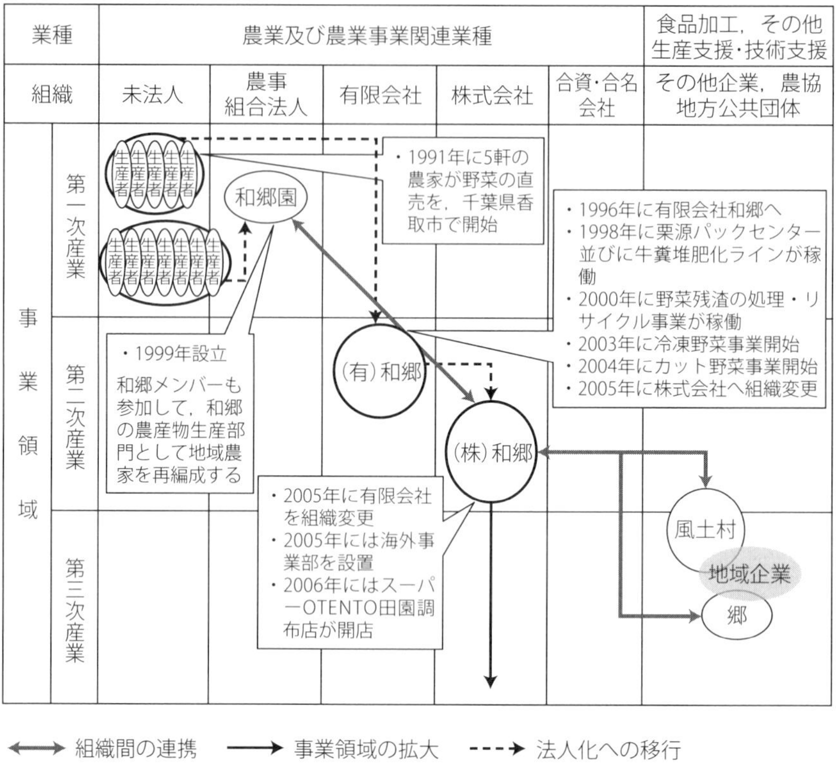

業種	農業及び農業事業関連業種					食品加工，その他生産支援・技術支援
組織	未法人	農事組合法人	有限会社	株式会社	合資・合名会社	その他企業，農協地方公共団体
事業領域　第一次産業	生産者（複数）	和郷園	・1991年に5軒の農家が野菜の直売を，千葉県香取市で開始			・1996年に有限会社和郷へ ・1998年に栗源パックセンター並びに牛糞堆肥化ラインが稼働 ・2000年に野菜残渣の処理・リサイクル事業が稼働 ・2003年に冷凍野菜事業開始 ・2004年にカット野菜事業開始 ・2005年に株式会社へ組織変更
事業領域　第二次産業		・1999年設立　和郷メンバーも参加して，和郷の農産物生産部門として地域農家を再編成する	(有)和郷	(株)和郷		
事業領域　第三次産業			・2005年に有限会社を組織変更 ・2005年には海外事業部を設置 ・2006年にはスーパーOTENTO田園調布店が開店			風土村　地域企業　郷

⟷ 組織間の連携　　→ 事業領域の拡大　　---▶ 法人化への移行

3　今日の食・農業ビジネスの背景

3-1　農業事業を取り巻く現状，そして課題

　㈱和郷の事業革新性を考察するために，ここで，簡単に，我が国の農業の経営環境を整理しておこう。農業経営の側面では，農家人口の減少と農業者の高齢化が進展している。1980年の約2,100万人の農家人口が，2010年には約650万人まで減少した。また，同年には約34％の農業者が65歳以上と農業従事者の高齢化問題と後継者不足は深刻となってきている（農林水産省基本データ調べ）。こうした実情を反映し，耕作放棄地は1980年の約9万haから2010年には約40

万haへと増加した．例えば，食料自給率についても，生産額，カロリー，重量それぞれのベースで減少しており，日本の農業事業全体を通して懸念材料が多く存在している（2010年度農林業センサス調べ）．

一方，社会的な側面の変化では，食に関する産地や表示偽装，輸入食品の残留農薬等の事件を通し，安全な食品に対する消費者の意識も高まり，多様な関連する商品情報が増大している．

このような農業に関する環境変化は，新たな農業経営上の困難な課題を伴うと共に，農業経営者の新たなビジネスチャンスの拡大や，市場競争力を有する商品開発のあり方，そして，今後の農業経営における新たな経営戦略の必要性に気づかせることとなる．

農業に関する環境変化は，国の農業政策にも変更を促した．中でも，05年に改正された農地制度では，従来の農地制度の改正に当たり，「農業経営基盤強化促進法」「農地法」「農業振興地域の整備に関する法律」「特定農地貸付法」がそれぞれ改正された．これらの改正は，今日の我が国の農業市場に大きな変革を促進させた．

農地制度の改正の背景には，先に挙げた諸事情がある．例えば，耕作放棄地増加への対処として，03年より構造改革特別区が設定され農業生産法人以外の法人に対する農地リースが認められた．さらに，05年に改正された農業経営基盤強化促進法において，構造改革特別区のみに認められていた農地リースが，構造改革特別区に限らずに全国で実施可能となる．09年に改正農地法が施行され，農業事業への規制緩和策がある程度の実現することに至る．

改正農地法は，農地の基本理念の変更を伴う大幅改正で，要点は，農地を「所有」することから「利用」するという大きな概念の転換である．農地の利用への概念の転換は，1．農地の権利を有する者の責務の明確化，2．遊休農地対策強化，3．農地の面的集積促進，4．農地利用者の拡大，が基軸となり進められている．

その施策の具体的な内容としては，以下の3つに集約できよう．第一に，市町村等が耕作放棄地を持つ農業者に対し，農地貸し出しを進める一方で，その農地を個人，農業生産法人，企業に貸し出し，農地の有効的な利用を促進すること．第二に，農業生産法人への出資制限を緩和し，様々な企業が連携活動を

行いやすくすること。第三に，農地リース期間を今までの最長20年から50年へと延長し，農業事業への参入障壁を抑制すること。これらは，農業事業への企業の参入を大きく後押しすることとなり，農業生産法人数は04年の約7,400件から，11年で約12,000件へ増加。リース方式による参入法人は，07年の約200件から，11年までに約1,000件へ増加している（2010年農林業センサスより）。

3-2　食品関連企業の農業事業参入

さて，現在，食品関連企業の農業事業への参入は次第に増加している。その動きは，次のとおりである。まず，食品製造業による安定的な原材料の品質と量の確保，また，ブランド構築戦略等の視点から，直接的に農家と契約を結ぶ契約生産が始まり，外食及び中食産業でも同じ視点からの契約生産が始まった。そして，最終的に各企業が直営農場を設立するとの一連の流れである。表6-1に，大手食品関連企業の農業参入の類型を示す。企業の参入事例は，土地利用型農業だけではなく，農地を利用しないで農産物を生産するハイテク施設等での進出や，バイオ，育種等の分野への進出が見られる。

さらに，これらの大手食品関連企業の動きを，先の図6-2の食・農業ビジネス全体のフレームワークの中で位置づけたのが図6-3になる。なお，図には，土地利用型農業に参入した食品企業の中から，最も規模が大きいワタミの

表6-1　大手食品関連企業の農業参入

	企業名	主な作物	農業参入の内容
生産法人設立	ワタミ	有機農産物	生産法人ワタミファーム
	キューサイ	青汁原料ケール	3か所で生産法人設立
	サイゼリア	有機農産物	生産法人設立
	モスフードサービス	トマト	生産法人設立
	メルシャン	ワイン原料ブドウ	生産法人設立
ハイテク施設	カゴメ	生食用トマト	直営ハイテク菜園のほか，生産法人への出資
	キューピー	野菜	「ハイテク野菜工場」でレタスとサラダ菜生産
	ハウス食品	ハーブ・青じそ	出資先ベンチャー企業（ミスト農法）を通じた参入

図6-3 ワタミの農業関連事業の成り立ち

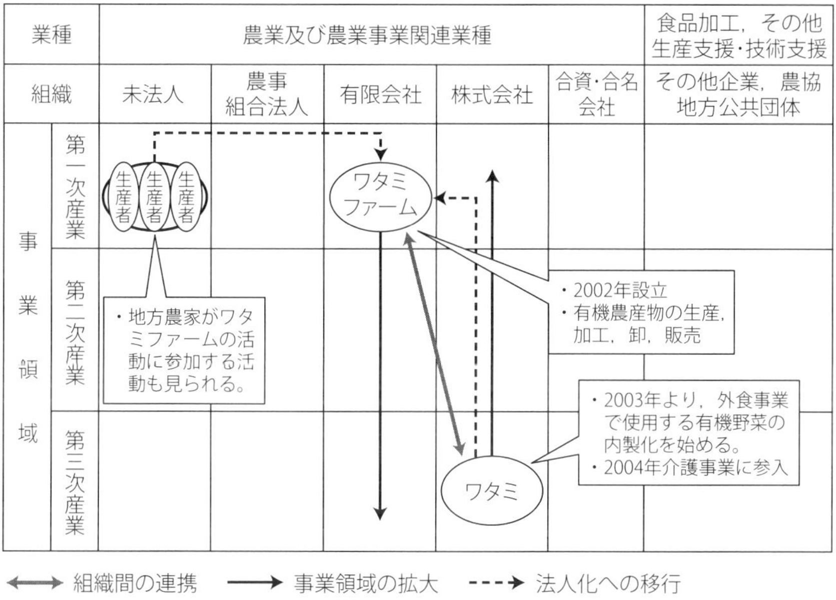

業種	農業及び農業事業関連業種					食品加工, その他生産支援・技術支援	
組織	未法人	農事組合法人	有限会社	株式会社	合資・合名会社	その他企業, 農協地方公共団体	
事業領域 第一次産業	生産者 生産者 生産者		ワタミファーム				
第二次産業	・地方農家がワタミファームの活動に参加する活動も見られる。					・2002年設立 ・有機農産物の生産, 加工, 卸, 販売	
第三次産業				ワタミ		・2003年より, 外食事業で使用する有機野菜の内製化を始める。 ・2004年介護事業に参入	

⟷ 組織間の連携　　→ 事業領域の拡大　　---▶ 法人化への移行

活動事例を示した。

　食品関連企業の参入は，今までの農産物市場へ大きな影響を与えることは間違いない。特に，その多くが，一個人で農産物の生産してきた農家とは違い，様々な経営資源を抱える企業組織が，従来の農家の活動とは異なる新たな戦略を打ち出すことも十分推察できよう。

4　㈱和郷のビジネスモデルの革新性

4-1　㈱和郷の課題とは

　先に述べたように，2003年以降の㈱和郷を取り巻くビジネス環境は，次第に激化していったが，㈱和郷の革新性を検討する前に，まずは，㈱和郷の事業成長過程における課題を整理しておこう。

　それは，正確な販売計画の作成であると指摘する。そして，この課題に十分

対処してきたことが，その後の企業の着実な成長を支えてきた。何故，販売計画の作成が重要な課題であったのか。

一般に，販売計画とは，いつ，何処で，誰に，どの農産物を，どの程度の量と価格で販売するかという内容であるが，もし，販売計画を正確に作成できない場合，以下の課題が生じる。

第一に，売上高の予想が不可能になり，収支予測の不透明化は，安定的な事業運営に影響を及ぼす。第二に，販売量がわからなければ，農家が農産物の生産量を設定できず，生産計画を作成できない。それは，農産物の余剰や不足という状況を招くことに繋がる。農産物供給の不安定化は，農産物取引を中核事業にしている㈱和郷にとって，大きな信用問題であり，販売計画を正確に作成できないことは，強い競争力を持った農業事業を展開する上で，大きなビジネスリスクとなる。㈱和郷は，生産計画を作成することで，付随する諸問題の解決の可能性があると考え，その作成に傾注していく。そのための具体的な対応策が，和郷園の農家メンバーによる「出荷提案書」の作成である。出荷提案書とは，何処の農家が，どの農産物を，いつからいつの期間に，どのくらい出荷できるか。また，肥料使用状況並びに農薬使用状況も併せて記入する形式の書類である。

農家に出荷提案書を毎週提出する仕組みにより，次いで㈱和郷が実現したことは，販売計画に沿った生産計画の見直し，各取引業者に対して販売計画に基づく農産物の再分配計画の作成，農産物の正確なトレサビリティ情報の確保という3点である。これらが，和郷の円滑な事業運営に貢献し，成長期における課題を解決する上で，大きな役割を果たした。つまり，正確な農産物の販売計画，生産計画の作成という大きな課題を乗り越え，㈱和郷は和郷園と共に強力な農産物供給体制を整え，事業の拡大に繋げていった。

4-2　競争力を実現する革新性
革新性　1　【農事組合法人和郷園との連携，機能】

㈱和郷の革新性は，まずは，和郷園との連携という仕組み構築を指摘できる。㈱和郷にとって，農事組合法人和郷園と連携を持つことが，具体的にどのような革新性に繋がったのか。

6章　組織連携による食・農業事業の革新性　137

図6-4　農事組合法人和郷園の組織図

```
                    理事会
            ・代表理事1名,副代表理事1名
              理事3名からなる理事会
            ・和郷園の最終決定権を持ち,
              中長期のビジョンを作成する
```

- 和郷園友の会
  - 外部有識者の受け入れ
- 内部監査委員会
  - 委員長1名と生産委員会が共同して行う内部監査。JGAPを中心に農場点検を行う
- 生産農家サポート室
  - 農業制度資金の相談窓口
  - 農業経営資金の相談窓口

交流委員会
- 委員長1名,委員8名,事務局3名からなる交流委員会
- 農家内部の交流目的
- 内外の交流活動,食育,見本市,展示即売会,ゲストの受け入れ,地域のボランティア活動を行う

生産委員会
- 委員長1名,委員6名,事務局2名からなる生産委員会
- 農業技術の窓口(GAP,土壌等)
- 年数回にわたり,新技術見学会などを開催
- 年4回の全生産者会議の開催
- 生産者の取り組むルール作り

生産農家
- 加入農家戸数90戸
- 圃場面積
  - 露地250ha　・施設25ha

品目別部会

きゅうり,トマト,ミニトマト,ピーマン,ししとう,なす,カボチャ,とうもろこし,そら豆,メロン,いちご,梨,ゴボウ,サツマイモ,里芋,じゃがいも,大和芋,にんじん,大根,しょうが,レンコン,落花生,かぶ,スナップえんどう,枝豆,さやいんげん,三つ葉,きゃべつ,小ネギ,小松菜,ホウレン草,赤茎れん草,春菊,レタス,ブロッコリー,ニラ,ちんげん菜,大葉,サンチュ,おかひじき,ルッコラ,パセリ,サラダ菜,カリフラワー,フルーツトマト,花卉

〈生産者の調整はここで行われる〉

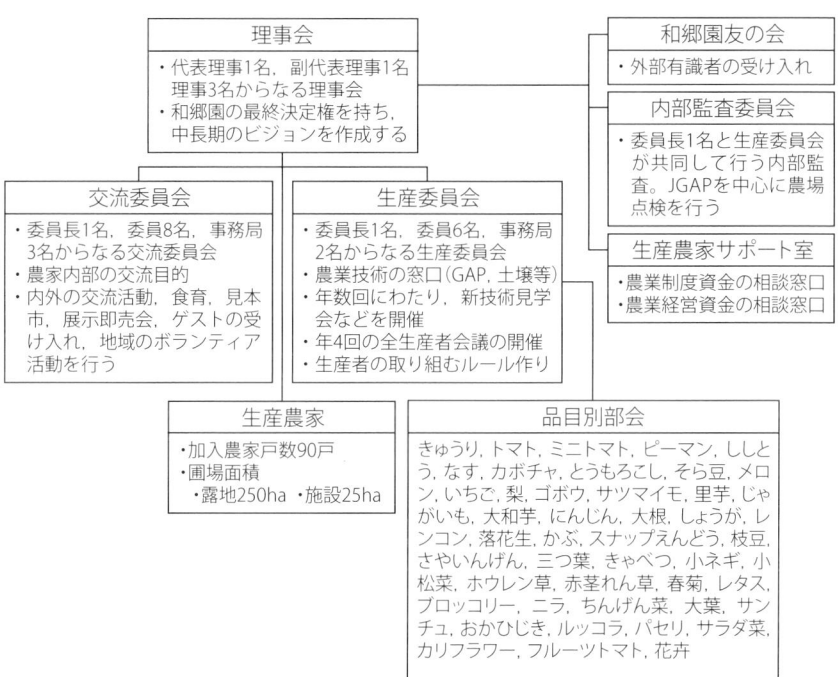

　では，農事組合法人とは何か。農業協同組合法の規定に基づいて設立される農事組合法人は，組合員の農業生産についての協業を図ることにより，共同の利益追求を目的とする。農事組合法人は，農業関連事業を行ない，個人の組合員は，原則として農家に限られる。法人化後には，そのメリットとして，補助金や融資制度，税制上の優遇措置がある。

　農家が法人化を行う上で，農家自身が多くの経営努力を日々行い，法人化によるメリットがさらなる助けとなって現れることは，重要な目標となる。こうした目標を共有し，組織された和郷園は，図6-4の組織形態である。和郷園の理事会は，代表理事の木内氏（㈱和郷と同様）と複数名の理事により組織され，下部に各種委員会がおかれ，和郷園友の会，内部監査委員会，生産農家サポート室，交流委員会，生産委員会が組織化されている。また，生産委員会は品目別部会に細分化され，全体の生産農家は90戸以上に上る。

先に述べたように計画販売と計画生産に基づく組織活動の工程では、㈱和郷の営業担当者が中心に各取引先と品目ごとに契約を取り付け、その情報を和郷園の品目別部会に落とし込み、時季、生産面積、品種を決定し、そして、農産物の生育過程の中で、圃場巡回、収穫前の目揃え会、出荷基準、パッケージ等を決定していく流れである。さらに、部会内メンバーは、新品種、肥料、栽培管理、品目ごとに定めている統一使用農薬の見直し等の様々な情報交換も、㈱和郷メンバーの協力を得て実行する。

つまり、㈱和郷にとって、和郷園という生産集団と連携を持つことの意義とは次の点に集約できる。第一は、より安定的で、より高品質な、幅広い農産物供給体制の実現が挙げられること。㈱和郷は、地域の各農家を横糸のように繋ぎ和郷園を組織化し、その農産物を一手に引き受けることで、強力な農産物供給体制を確立した。一方、㈱和郷は、和郷園の農産物の使い道、農産物の商品化やチャネル戦略等の事業戦略の策定を、和郷園の農家に代わって行うことを実現した。

革新性 2 【新たな事業戦略と商品開発】

さて、革新性1で指摘した組織の連携により、㈱和郷は事業戦略の策定に集中できることとなる。安定的な供給体制を反映し、㈱和郷は積極的に事業戦略策定の舵取りを実行する。例えば、03年に開始された冷凍加工事業、04年に開始されたカット野菜事業、そして、リサイクル事業という、一連の事業がその例である。

その1つ、03年3月に稼働が開始されたHACCP仕様の冷凍加工センター「さあや'Sキッチン」であるが、同センターは、年間1,000tの野菜を冷凍加工している。加工している農産物は、ホウレン草、とろろ芋、ゴボウ、サツマイモ等がある。野菜が一番美味しい時期に急速冷凍して商品化したものだが、旬の味を消費者に安定的に供給したいという考えで稼働したもので、「年間を通して旬の野菜を食べたい」という消費者ニーズに反応した商品開発である。発売開始の03～04年頃は、中国産野菜の残留農薬の問題により、安心・安全の国産野菜に注目が集まった影響からか、和郷園と近隣生産者のトレサビィティも確立されていた、冷凍した野菜商品の売り上げは大きく伸びた。

また，04年12月に稼働したカット野菜工場でも，カット野菜の品目は多種類にわたり，カット野菜の総加工量は年間で約1,100tに上る。この事業は，一般消費者のみならず，中食，外食等の業務用カット野菜ニーズにも対応した商品開発となっている。

　また，農産物加工事業は，消費者ニーズに対応する商品であると同時に，規格外農産物の有効活用という狙いにも合致するものだ。和郷園の農産物を全量買い上げる方式を採用する㈱和郷にとっては，冷凍とカットの加工事業は，消費者ニーズへの対応，仕入れた農産物の有効的利用，農産物販売以外での収益性の確保，と非常に重要かつ戦略的な事業と位置付けられる。

　さらに，冷凍とカット事業，パックセンターから出る野菜残渣は，2000年から開始されたリサイクル事業と連動している。㈱和郷のリサイクル事業は国の事業の一環として，産官学の連携で行われており，また，98年9月に稼働した牛糞堆肥化ラインで加工される牛糞と共に野菜残渣を未利用資源（バイオマス）として活用している。バイオマスプラント（工場施設）では，未利用資源からメタンガスを取り出し，自動車燃料として再利用し，堆肥や肥料に加工して和郷園の農家に出荷する。目下，㈱和郷は，和郷園の連携でこうした事業活動サイクルを完結し，自然循環型農業として推進している。

　地域の農家を横断的に連結させて強力な農産物供給体制を確立した㈱和郷は，それを背景に，事業戦略の策定に集中し，ビジネスを展開する。つまり，2つの組織活動は，横糸としての生産集団和郷園，縦糸としての経営戦略集団の㈱和郷が協同的に新たな食・農ビジネスを作り出す革新的ビジネスモデルを構築している。

革新性　3　【地域活性化への貢献―物販とレストラン，交流の場の創出―】

　さらに，㈱和郷の革新性に，地域組織である風土村との連携による新たな事業展開がある。㈱和郷にとって，風土村と連携を持つことが，どのような革新に繋がったのか。

　風土村は，千葉県香取市にある養豚一貫生産と食肉製品製造販売を行う農業法人，酪農とアイスクリームの製造販売を行う農業法人，及び減農薬野菜等の生産と協同出荷を行う農業法人の代表者で構成される企業組織である。その代

表者の中には，和郷園のメンバーもいる。

　風土村は，地域の道の駅やアンテナショップと同様の機能を発信しているが，地域の食と農の情報発信と消費者のニーズをくみ取る拠点機能，同時に，地域食材の需要拡大を図る。風土村の中核事業は，農畜産物の販売事業，地域食材を活用したレストラン事業である。その他にも，加工食品のレシピを公開し，料理学を消費者に学んでもらう等の消費者向け活動の試みもある。風土村の顧客ターゲット層は，施設付近の地元消費者であり，風土村で，新鮮で旬の地元食材を見てもらい，触ってもらい，食してもらい，学んでもらうことで，さらなる地域農産物の需要喚起を指向する。

　㈱和郷は農産物を提供する一方，風土村は消費者情報を提供する，つまり，商品に関する貴重な情報サイクルがある。そして，地域の生産者と消費者が交流する「場」となっているのだ。

　一般に，多くの企業は，顧客との距離を縮め，顧客に望まれる商品開発を行うことを重視し，それは，㈱和郷の経営理念でも顧客視点として掲げられている。㈱和郷は，地域食材を中心にコミュニティの場として風土村を活用する。自らがコミュニティに参加し，多くの生の消費者情報を獲得し，消費者ニーズを反映した商品開発を行うこと，地域食材の需要拡大を指向する，この2点が，㈱和郷が風土村と連携して得られる大きな利点となる。

コミュニティへのさらなる貢献

　㈱和郷は，コミュニティからの消費者情報を基に，さらなる地域連携を図っている。㈱和郷が他の地域経営者と協力し，新たな連携事業として取り組む千葉県香取市の温泉施設「かりんの湯」の開設である。かりんの湯の経営は株式会社 郷(ふるさと)であるが，その構想は，㈱和郷のイノベーション企画開発室メンバーによるものである。かりんの湯は「総合農園リゾート」構想で，地域の新たなコミュニティ活動の場であり，その周辺には，広大な敷地の一部で貸し農園事業も始まっている。今後は，宿泊ロッジ，キャンプ場，ミニ牧場，農畜産物の直売所等，新たに事業展開も構想されているという。

　図6-5は，㈱和郷の主要な事業展開を示してある。図では，㈱和郷を中心として，地域内の食・農業関連の組織体が縦，横に繋がり，拡大し，多様なコ

図6-5　和郷の主要な事業展開

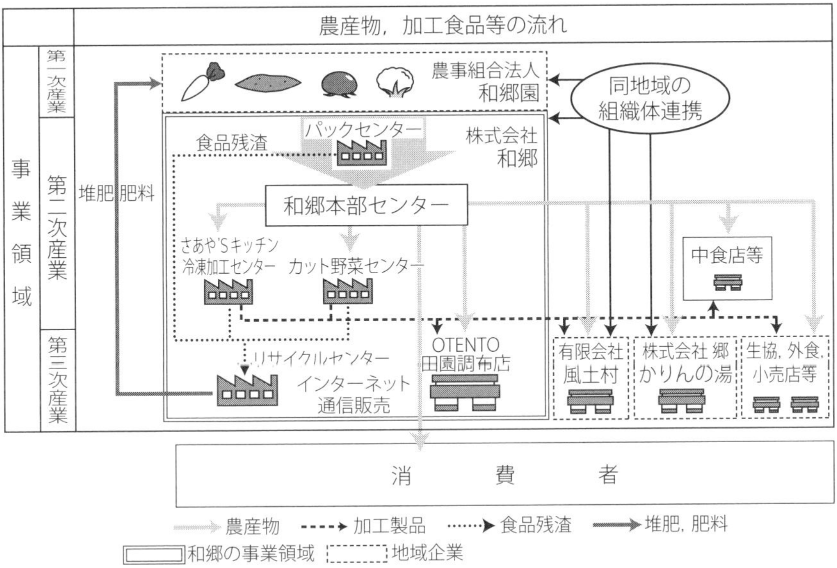

ミュニティへの参画等を通じ，相互に連携を強化してきていることが窺える。この動きは，小規模ではあるが，まさに食・農業クラスターが発生している。食・農業ビジネスの中で，多様な地域内組織体が連携しながら新規事業を実践し拡大していく。それにより消費者に接近し，ニーズをくみ取り，新たな商品・サービス開発に反映する。正に，個別の事業を束ねあげながら，事業全体の革新性を図る全容が見える。

5　おわりに

さて，最後に今後の㈱和郷の課題を指摘しておこう。次第に，㈱和郷の農産物の取引量が増大することから顕在化する農産物品質の不安定化は，はたして問題はないだろうか。

取り扱う農産物は，和郷園の農家の産物が主である。和郷園では，農産物ごとに品目別部会が組織され，数名の農家が参加し，同時に同じ品目を生産する。

厳密に言えば，同種類の品目を各農家が生産するわけで，各農家から供給される産物の品質は，農家の生産技術の差により，それぞれ異なるだろう。しかし，各農家の産物は㈱和郷を通して「和郷ブランド」として販売される。小売店や消費者に，和郷ブランドで統一されたこれらの品目に，もし，品質的な差があれば，購買時の不安要素ともなる。こうした課題に対して，㈱和郷は「ちばエコ農産物」の取得を各農家に推進している。ちばエコ農産物とは，千葉県の農産物認定制度で品質保証された農産物である。今後の㈱和郷の活動において，さらなる事業化の中で精査が必要なことであろう。さらに，東北の震災以降の㈱和郷を取り巻くビジネス環境は大きく変化した。日本全国の農家が抱えているように，土壌への放射能の影響等，新たな懸念事項も残念ながら生じてきている。

　しかしながら，㈱和郷のように「地域」というキーワードでそれぞれ個々の農家の得意領域を生かし，多様な組織が連携し，巧みに事業価値を創出し，互いに切磋琢磨する協働環境の下で新たな商品開発をまさぐる農業事業の展開に陰りはないと，確信している。以上，これまで，ややもすれば，事業経営という視点が前面に出ることが少なかった農業事業の領域において，今日，明確に，戦略的な事業展開を目指す活動が出現してきた。しかも，その活動主体は連携型による新たな事業組織体である。今後，我国において，グローバルな競争下に置かれる動きが必至な情勢の下で，有効な競争力を発揮するための経営形態として，こうした方向性に注目する意義を強く認識している。

　本章は，阿久津裕史（2006）『地域農産食品の新たな商品開発戦略への一試論―法人組織における付加価値創造を中心に―』専修大学大学院商学研究科修士論文を基に，改めて論点整理を行い，加筆・修正をしたものである。

謝辞
　インタビュー調査並びに資料の提供を頂いた農事組合法人和郷園副理事向後武彦氏に感謝の意を表します。

（見目洋子・阿久津裕史）

参考文献

神門善久（2005）『日本の食と農』NTT 出版
刈谷剛彦・森田朗・大西隆・植田和弘・神野直彦・大沢真理編（2004）『創造的コミュニティのデザイン　教育と文化の公共空間』有斐閣
斉藤修（2001）『食品産業と農業の提携条件　フードシステム論の新方向』農林統計協会
斉藤修（2008）『食品産業と農業の連携をめぐるビジネスモデル』，NIRA モノグラフシリーズ No.17，総合研究開発機構
斉藤修（2011）『農商工連携の戦略―連携の深化によるフードシステムの革新―』農山漁村文化協会
嶋口充明輝（2004）『新しいマーケティング・パラダイムを求めて　仕組み革新の時代』有斐閣
「株式会社の農業参入―事例に見る現状とその可能性及び意義について―」『農林金融』2004年12月号
「木内博一の和のマネジメントと郷の精神④，⑤，⑧，⑨，⑩，⑪，⑱」『農業経営者』2009年3，5，8，9，10，11月号，2010年5月号
「企業の農業参入の現状と課題―地域との連携を軸とする参入企業の実像―」『農林金融』2007年7月号
「産直のパイオニアが描く農業の未来」『食品工場長』2009年10月号
『生産と消費の新しい関係に挑む「和郷園」の取り組み』対談シリーズ No.40（2008年12月），総合研究開発機構
『2005年度農林業センサス』農林水産省　大臣官房統計部経営・構造統計課センサス統計室
『2010年度農林業センサス』農林水産省　大臣官房統計部経営・構造統計課センサス統計室

参考 URL

農林水産省ホームページ　農業水産基本データ集　http://www.maff.go.jp/j/tokei/sihyo/index.html

7章 ユニバーサルデザインフォントの製品開発
リムコーポレーションの事例を通して

1 はじめに

　近年,「ユニバーサルデザイン」あるいは「UD」をコンセプトとした施設や商品が浸透してきている。公園や駅,市民会館,住宅,電車,自動車,自転車,家庭用電気製品,衣料品,文房具,玩具,食器,時計,食品のパッケージなど,枚挙に暇がない。ユニバーサルデザインは,近年では,当然のようなデザイン概念だが,この概念を施設や商品のコンセプトにし,実現するまでには,各社の並々ならぬ努力がある。本章では,同コンセプト作成から事業化までの一連の過程を,一企業のユニバーサルデザインフォントの製品開発事例を通して紹介することを目的としている。

　最初に,ユニバーサルデザインの概要をまとめる。次に,多くの事業者がユニバーサルデザインに取り組み,その取り組みの結果浮かび上がった課題について指摘する。そして,それら課題を乗り越え,業界トップクラスに位置するまでに進化を遂げている企業事例をまとめる。

2 ユニバーサルデザイン

　ユニバーサルデザインは,デザインの概念の1つである。ユニバーサルデザインの提唱者は,ノースカロライナ州立（米）のロナルド・メイスであり,彼自身,身体に障害をもっていた。彼は,1980年代に,それまでのバリアフリー

の概念に代わって，ユニバーサルデザインの定義を，「できるだけ多くの人が利用可能であるように，製品，建物，空間をデザインすること」とした。そもそも，ユニバーサルデザインは，「全ての人が人生のある時点で何らかの障害をもつ」ということを，発想の起源としている時点で，これまでのバリアフリーとは大きく異なる。障害の部位や程度によりもたらされるバリア（障壁）に対処するのがバリアフリーである。一方，ユニバーサルデザインが提唱する「できるだけ多くの人」とは，障害の有無，年齢，性別，国籍，人種等にかかわらず多様な人々のことであり，人々が気持ちよく使えるように，予め設計する考え方である[1]。このような発想のユニバーサルデザインは，七原則[2]によって構成されている（図表7-1）。

この七原則は，民権運動等のアメリカの歴史的背景を踏まえて形成されたものである[3]。

このような概念が日本で求められるようになった背景には，価値観の多様化，高齢化，情報化，国際化などの社会変化が挙げられる。そう遠くない最近まで，日本では，「健康な成人の男性」を念頭に置いて社会づくりが行われてきたと言えるだろう。しかし，これからは，性別や年齢，国籍，そして障害の有無にかかわらず，全ての人が，かけがえのない個人として尊重され，それぞれの価値観のもとで，もてる力を十分に発揮できるような社会が求められている（価値観の多様化への対応）。また，高齢になっても地域社会とつながりをもち，生きがいをもって暮らせる社会が求められる（高齢化への対応）。近年，情報通信技術の発展のため，大量の情報を容易に入手しやすくなった。しかし，一

図表7-1　ユニバーサルデザインの原則 Ver.2.0 - 4/1/97

原則1．利用における公平性（Equitable Use）
原則2．利用の柔軟性（Flexibility in Use）
原則3．シンプルかつ直感的な使い勝手（Simple and Intuitive Use）
原則4．分かりやすい情報提供（Perceptible Information）
原則5．ミスに対する許容性（Tolerance for Error）
原則6．身体的労力を要しないこと（Low Physical Effort）
原則7．適切な使用のためのサイズと空間（Size and Space for Approach and Use）

（出所）ノースカロライナ州立大学ユニバーサルデザインセンターのHPと村田編（2006）を基に筆者作成。

方で，機器の使い方が分からないなどの理由で，人々の間で入手可能な情報というものに格差が生まれている。この情報格差の改善が望まれる（情報化への対応）。そして，交通機関の発達，情報網の発展により海外から観光・就労等の目的で日本を訪れる外国人の数が増加している。言葉の壁や文化の違いから，教育や医療，日常生活などで深刻な問題を抱える場合もある（国際化への対応）。

　それでは，このような背景を踏まえ，日本において，ユニバーサルデザインはどのように浸透しているのだろうか。まずは，ユニバーサルデザインの例を生活者に馴染みのある「鉄道事業」「住宅関連」「文房具」に見ていきたいと思う。2005年に開業した「つくばエクスプレス」は，秋葉原とつくば間（約58.3 km）を45分で結ぶ都市高速鉄道である[4]。同鉄道では，①「使いやすい」，②「移動しやすい」，③「わかりやすい」，④「やさしい」の4点を鍵として整備している。これらの事例として，駅構内では，ステップの先端をはっきり色分けした明確でわかりやすい階段，一目で確認できる電光情報表示装置の設置，安全で安心感のある可動ホーム柵。車両には，車いす利用者のためのスペース，車内点字案内標等がある。

　次は，住宅関連である。住宅関連においては，子どもや高齢者による室内事故が存在していることから，バリアフリーに対する意識が元来高かった。このような業界において，「バリアを排除する」というコンセプトの次に，「最初から全ての人が使えるデザイン」が新たに登場したのである。そこで各企業では，独自にユニバーサルデザインを解釈し，独自のポイント（要素）を提唱し，製品へと結びつけている。パナソニックグループ[5]では①「理解しやすい操作への心配り」，②「分かりやすい表示と表現への心配り」，③「楽な姿勢と動作への心配り」，④「移動と空間への心配り」，⑤「使用環境への心配り」，⑥「移動と空間への心配り」の6つの要素を設定している。これらの事例として，手のひらで押せるよう面積を広くした照明のスイッチ，腰をかがめなくても見ることのできる天面（上向き台の）操作にした調理器具，立ち座りの際の腰の負担を軽減するアームレスト付きトイレ，軽い力で開閉できる引き戸，空焚きや消し忘れなどを防ぐ安全機能を充実したIHクッキングヒータ等がある。

　ユニバーサルデザイン関連で生活に身近なものとして「文房具」が挙げられ

る。職場，学校，家庭において頻繁に使われる製品だからこそ，その進歩に気づきにくいのかも知れない。しかし，文房具メーカーは，これまでバリアフリーデザインや共用品[6]デザインなどを，積極的に取り入れ，製品化してきた。コクヨ㈱[7]では，1つの原則と5の視点を提示し，製品開発を行っている。原則は「できるだけ多くの人にとって使いやすい」としている。視点は，①「基本がしっかり」，②「五感で伝わる」，③「安全・安心」，④「使い方がわかる」，⑤「ラクに使える」である。その事例は，指を入れる内側の空洞にやわらかな樹脂層の形状を備えたハサミ，触覚でわかり消しやすい角がいくつもある消しゴム（10個のキューブが合わさった消しゴム）。また，樹脂で作られたやわらかいカバーが針が直接手に触れることを防ぎ，落としても針が上を向かない設計のためケガの心配がない画鋲等がある。

　これら3社の事例の共通事項は，独自でのユニバーサルデザインの原則やコンセプトを設け，それらに一貫した製品やサービスの展開をしている点である。

　このように産業界では積極的な姿勢が見える。一方，行政側でも，ユニバーサルデザインには関心をもってきた。優れたデザインを讃える「グッドデザイン賞」である（通称Gマーク制度）。グッドデザイン賞は，財団法人日本産業デザイン振興会が主催する総合的なデザイン評価・推奨制度である。1957年に通商産業省（現経済産業省）によって創立された「グッドデザイン商品選定制度」が母体である。その後，財団法人日本産業デザイン振興会に運営が移行した。現在まで，50年以上活動をし，この継続によって積み上げられてきたグッドデザイン賞は，約35,000点に及ぶ。そのグッドデザイン賞の特別賞として，1997年，「ユニバーサル・デザイン賞」が誕生したのである[8]。ユニバーサルデザインは，その当時は極めて新しいデザインの概念だった。同団体では，「この賞の設立も契機となり，ユニバーサルデザインに取り組む企業やデザイナーが増加したことによって，今日，基本的なデザイン概念として捉えられるようになった」と述べている[9]。これまでの受賞作品には，機能を絞った携帯電話，メモリが読みやすい計量カップ，乗降性や居住空間に優れた自動車，持ちやすさを向上させた軽量リターナブル小型牛乳びん等がある。既存の製品に比べ，利用者への配慮が一段とグレードアップされていることがわかる。

ユニバーサルデザインへの取り組みに対する課題

　このように1990年代後半頃から，日本国内において，ユニバーサルデザインは，徐々に浸透していった。しかし，順調に取り入れられたかのようにと思われるユニバーサルデザインだが，当初，関係者間では困惑が見られていた。その様子は，経済産業省製造産業局（当時：経産省と以降省略）が2001年5月に発表した調査結果から窺える。経産省では，1999年から2000年に，ユニバーサルデザインについて，「生活者」「製造業者」「流通業者」の三者を調査した[10]。そして，経産省では，この三者アンケートの結果から，ユニバーサルデザイン市場の形成を促進するという観点に立って，流通・普及段階も視野に入れつつ，「もの・づくり」段階を中心に問題点をまとめている。そこで，当時の課題が浮き彫りになっている。

　課題その一は，「ノウハウ及び技術情報の不足」である。ユニバーサルデザインの取り組みが進まない理由の1つに，高度経済成長過程では，ユニバーサルデザインに意識的・積極的に取り組まなくても，成功を収めることができたと述べている。その結果，ユニバーサルデザインに対する技術の蓄積が十分に行われていないということだった。特に，人間（の行動）特性に関するデータベース等の基盤技術が無いという意見が多く挙げられていた。

　課題その2は，「生活者ニーズに関する情報不足」である。もちろん，消費者ニーズを意識した製品開発は当時も行われていた。しかし，生活者が日々の生活場面での「使用実態からくる現実的なニーズ」に関しては，不十分だった。製造業者がよかれと思い多機能化した製品も，生活者からしてみれば，使用方法が理解しづらいということがあったのである。つまり，生活者と製造業者との間において，情報の共有化が進んでいないということが明らかだった。

　そして課題その3は，「普及に向けた製品情報の提供不足」である。ユニバーサルデザインの製品が，生活者にとってどのようなメリットがあるのかといった情報が，十分に行き届いていなかった。製造業者と流通業者において，情報共有並びに積極的なプロモーションが必要だということであった。また当時は，「ユニバーサルデザイン＝高齢者・障害者専用」という誤ったメッセージが市場に浸透しないよう注意を促している。

　これら課題を整理してみると，2001年当時，「技術情報」「市場情報」そして

「普及活動」のそれぞれが不足している，というユニバーサルデザインへの取り組みを阻害している要因が存在していた．

しかし，それから約10年経過した現在では，先に述べたように，ユニバーサルデザインを独自に解釈し，積極的に取り組んでいる企業が出現している．また，ユニバーサルデザイン関連製品を開発し，他のデザインコンセプト製品を圧倒し，高い業界シェアを獲得している企業も台頭してきた．それでは，企業には，3つの阻害要因を克服するために，どのような仕組みが存在していたのだろうか．

本章では，このような仕組みを解明するために，ユニバーサルデザインの中でも「ユニバーサルデザインフォント」に注目する．ユニバーサルデザインフォントとは，ユニバーサルデザインの概念をフォント[11]に落とし込んだ製品である．ユニバーサルデザインフォントは，現在一般的に，「印刷用フォント」と「表示用フォント」が存在する．前者は紙媒体や道路標識に見られるような鉄板等に印刷されているユニバーサルデザインフォントである．後者は光学式表示機器，例えば液晶表示画面等で表示されているユニバーサルデザインフォントである．ただし，両者のフォントは，全く互換性がないというわけではない．というのも，表示用フォントとして開発されたユニバーサルデザインフォントが，印刷用として利用されているケースも存在するからである．今回，注目する事例は，「表示用フォント」として開発されたユニバーサルデザインフォントである．このユニバーサルデザインフォントに注目をする理由は2つある．1つ目は，多くの製品に搭載されている（組み込まれている）にもかかわらず，その（外側の）製品は注目されても，フォント自体が注目されるということはあまりなかったためである．あくまでも製品を構成する1つの要素としての扱いをされてきたように思える．2つ目は，これまで同様，今後も多様な製品に搭載される可能性をもっており，製品を横断し，質の良いフォント製品は，業界のスタンダートとして市場を席巻することも可能だからである．

本章では，この製品の成功事例である株式会社リムコーポレーションのユニバーサルデザインフォント「Uni-Type」を取り上げる．その理由は，次の3つである．まず，経産省が調査結果を発表した2001年時点では，当社では，フォント事業を既に行っていた．つまり，先に紹介したユニバーサルデザイン

取り組みへの阻害要因が存在していた頃，まさに開発に邁進しており，阻害要因を何らかの仕組みを構築し，乗り越えてきたと推測されるからである。2つ目は，同社のユニバーサルデザインフォントは，2010年時点において，携帯電話の日本語フォントエンジン（後述）では国内50％のシェアを占めているためである。そして3つ目は，雑誌『NIKKEI DESIGN』が発表した消費者が選ぶ2007年度「ユニバーサルデザインに取り組んでいる企業のランキング」において，対象企業595社中，32位に選出されているので，この分野における成功事例としてよいと考えるためである。

当社の事例の分析を通して，ユニバーサルデザインへの取り組みを阻害していると言われていた3要因を克服する仕組みを解明し，その結果から今後のユニバーサルデザインに取り組む際のインプリケーションを導きたいと思う。

3　事例：リムコーポレーション

3-1　フォント開発

そもそも，「表示用フォントを開発する」とは，どういうことだろうか。

その作業は，「フォントデザイン」と「フォントエンジンの開発」に分かれる。前者は，まず，フォントのコンセプトを決める。そして，デザイナーが，具体的にフォントの骨格（字体）に特徴的な肉付けを行う。つまり，縦線の太さ，横線の太さ，点，はね，はらい等文字の各エレメント（箇所）の形状を，他のフォントとは異なる特徴をもたせるようにデザインしていく[12]。このように，フォント開発とは，フォントの形を造形するだけだと思われる。しかし実際は，後者の「フォントエンジンの開発」がメインなのである。フォントエンジンとは，文字を光学的に表示させるソフトのことである。このフォントエンジンの開発において，いかに視認性（識別のしやすさ）・可読性（読みやすさ）に優れたデジタルフォントを表示させるかを，関数式によって割り出し，円曲線などを表現している。エンジニアは，より良い関数式を作り上げているわけである。つまり「フォント開発」とは，フォントそれ自体のデザインと，それを表示させるフォントエンジンの開発の双輪である。つまり，芸術と工学の融合作業になる。

3-2　沿革

　静岡県浜松市にある㈱リムコーポレーションは，デジタルフォントの開発・販売を手がけている企業である（図表7-2）。

　創業は1988年で，コンピュータシステムエンジニアであった竹塚直久社長が独立起業して設立した。当時から少人数精鋭（従業員数15名前後）で事業を行ってきた。独立系研究開発型企業であり，大手の傘下に入ることなく，常に世界市場で成長を続けるリーディングカンパニーを目指している[13]。

　海外留学経験のある竹塚社長は，企業が創業から短期間に業界で認知されるには，海外での評価が後押しになると考えていた。また，「市場においてリーダーになる」という高い志をもっていたので，その市場選択には十分なリサーチを行っていた。そこで，目をつけたのが，海外言語を専門にフォントを開発するという事業であった。当時，この事業を手がけている企業はほとんどなく，いわゆるニッチ市場だった。よって，当社では，ロシア語，英語，スペイン語，アラビア語，ポーランド語等を手がけていった。当社の予測は的中し，フォント事業は成長し，当社を支える基盤となった。フォント事業において次に考えた言語は，日本語であった。当時，日本語フォント市場では，約100社の競合が存在していた。フォント開発専門の企業，印刷系企業，エレクトロニクス関連企業等様々だった。当社では，1992年に，日本語フォント・ゴシック体，1993年には，日本語フォント・明朝体を次々に開発した。

　当社のフォントを一躍有名にしたのが，1998年に発表された「日本語ビット

図表7-2　ユニバーサルデザインフォント「Uni-Type」

一般の書体	Uni-Type
ばびぶべぼ ぱぴぷぺぽ バビブベボ パピプペポ	ばびぶべぼ ぱぴぷぺぽ バビブベボ パピプペポ
今度パリに遊びに行きます。	今度パリに遊びに行きます。

　限られた空間において，濁音（ば）や半濁音（ぱ）がきちんと判読できる。
（出所）同社HP。

図表7-3　搭載例・携帯電話

auから2009年夏モデルとして発売されたケータイbiblio（東芝）はブックケータイとして「本を読む」ことを提案した製品で，Uni-Typeが標準フォントとして採用されている。（出所）同社HP。

マップフォント」であった。当時から，情報機器の小型軽量化が進んでいた。よって，小さな液晶画面に表示されても読みやすいフォントが急務だった。そこで，当社では，縦10ドット[14]・横9ドットという当時世界最小のフォントを開発した。それまでは，縦12ドット・横12ドットが最小フォントの大きさだった。当社のフォントは，それと比べ，表示できる文字の量が約30％増加した。その結果，現在の携帯電話への搭載シェア50％以上へとつながっている（図表7-3）。

　携帯電話におけるフォントの重要性を決定づけたのが，1999年，NTTドコモから発表された「iモード」の登場である。「iモード」は，同社の携帯電話網を利用して提供されるインターネット接続サービスである。「iモード」専用携帯電話では，Eメールの送受信，様々なコンテンツを利用することが可能になった。このため，携帯電話の画面ディスプレイでは，これまで以上に速い速度で，多くの情報を認識できるようなフォントが求められるようになった。

3-3　実績

　当社のフォント製品の高実績は，その主要取引企業より窺える。㈱アドバンスト・コミュニケーションズ，アルバイン㈱，Eastman Kodak Company，NECエンジニアリング㈱，NECワイヤレスネットワークス㈱，㈱沖データ，カシオ計算機㈱，京セラ㈱，グラフテック㈱，㈱ケンウッド，三洋電機㈱，ソ

ニー㈱，㈱東芝，㈱東芝セミコンダクター社，㈱東芝デジタルメディアネットワーク社，日本無線，日本ビクター㈱，㈱パトライト，パナソニック㈱，パナソニックコミュニケーションズ㈱，パナソニックモバイルコミュニケーションズ㈱，富士通㈱，船井電機㈱，古野電気㈱，三菱電機㈱，横河㈱，各種学術団体及び，国立大学法人，その他東証一部企業，海外企業等が続く（2010年現在）。このように，日本のエレクトロニクス産業において，当社のフォント技術が多様に活用されていることが分かる。

また当社は，国内外企業だけではなく海外政府からも認められている。2002年には，自社で中国語のフォントを開発し，日本企業で初めて，中国政府から認定を得ることに成功した。中国ではデジタル機器に，中国政府認定ビットマップフォントまたは，認定を受けたフォント（書体）を使用することが義務付けられている。当社の製品の質の高さが認められたのである。

2008年には，ユニバーサルデザインフォント「Uni-Type」」が，「グッドデザインしずおか2008」（応募総数108点）において，大賞（県知事賞）を受賞している。

3-4　ユニバーサルデザインフォント「Uni-Type」

2011年現在，国内携帯電話7割に，同製品が搭載されている。2005年に発表されたこのフォントの最大の特徴は，視認性・可読性である。以前の携帯電話では，小さな画面において，小さな文字ともなると，目を細めて，濁音なのか半濁音なのかを考えることもあった。しかし，本製品は，文字を見ただけで，判別できる。また文字を拡大・縮小しても文字が崩れることなく，読みやすさは変わらない。現在同社の製品は，「小さな画面」を搭載する携帯電話の他に，PHS，PDA，携帯辞書，デジタル音楽プレイヤー，プリンタ，デジタルAV，デジタルカメラ，デジタルビデオ，カーナビ等で利用されている。また，「大きな画面」でも活躍している。郵便局システム，LED表示機器（道路・鉄道情報表示機，広告情報表示機）（図表7-4，図表7-5），各種医療用機器・産業機器に利用もされている。

7章　ユニバーサルデザインフォントの製品開発　155

figure 7−4　リムコーポレーションの製品が搭載されている例

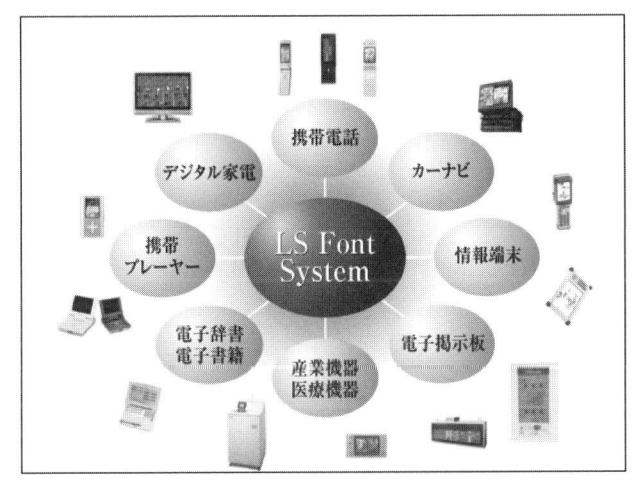

「LS-Font System」とは，フォントエンジンのことであり，このエンジンシステムが，文字を表示させる。
（出所）同社 HP。

figure 7−5　搭載例・医療機関での案内掲示

千葉大学・大学病院の受付案内ボード。眼科の患者，高齢者の患者からとても見やすいと評価されている。これまで小さなサイズでの可読性に優れた書体というイメージだが，大きなサイズで離れた場所から見る場合の可読性にも優れていることが立証された。
（出所）同社 HP。

4　事例分析：ユニバーサルデザインフォント

　本節では，まずユニバーサルデザインフォントが求められてきていた背景について触れる。次に，リムコーポレーションが，先に示したユニバーサルデザインへの取り組みを阻害する3つの要因を，どのように克服してきたのかを整理する。

4-1　ユニバーサルデザインフォントが求められている背景

　人口構造的要因で，この製品に影響を与えたのは，高齢化社会である。人は加齢に伴い視覚機能が変化する。眼のレンズのピント調節機能の低下や水晶体の老化等がある。そのために，高齢者と若者とでは，認知度に差が出てくる（視力の低下）。また，高齢者は，焦点を絞る役目をする瞳孔が筋力の衰えにより，光量調節の機能が劣ってくる。このため，明るさと暗さへの対応が若者と比べて劣ってくる（暗順応の機能低下）。総務庁（当時）「人口推移」（2000年）によると，日本の総人口は，1億2,669万人（1999年10月1日現在），65歳以上の高齢者人口は，2,119万人であり，総人口に占める割合は，16.7％だった。そして，それから10年後，『高齢社会白書』（2010）によると，日本の総人口は，1億2,751万人（2009年10月1日現在），65歳以上の高齢者人口は，過去最高の2,901万人となり，総人口に占める割合（高齢化率）も22.7％となった。かつて予測されてきた高齢化社会が現実になってきている。これまであまり配慮されてこなかった高齢者の視覚特性も配慮し，誰もが見やすく，疲れにくく，誤読しにくいフォントの開発が必要になってきていたのであった。

　社会的要因としては，コミュニケーションツールとして，携帯電話などのモバイル電子機器が重要性を増したことである。先に示した携帯電話の普及率を見ると国民の95％（2008年現在）が携帯電話を保持している（図表7-6）。

　携帯電話は，現在，通話機能以外にメール機能，インターネット機能，カメラ機能，音楽プレイヤー機能，ラジオ機能，電子マネー機能，ワンセグ（テレビ）機能等，多機能化している。その中でも，2001年には既に存在していたメール機能やインターネット機能は，他者とのコミュニケーション手段として

図表7－6　携帯電話またはPHSの保有率（世帯）の推移

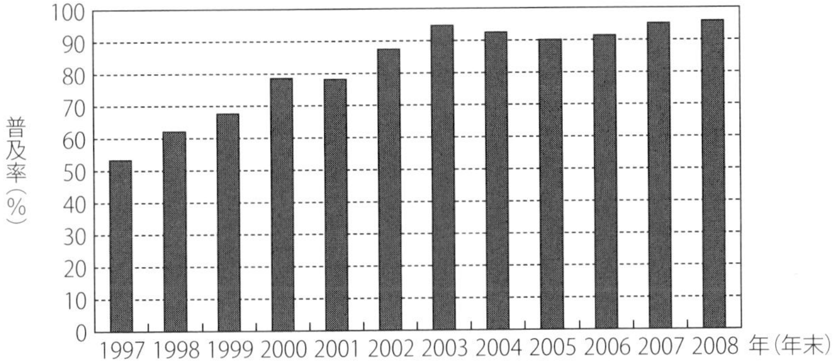

（出所）総務省21年度報告書「通信利用動向調査」に基づき，著者作成。
http://www.soumu.go.jp/johotsusintokei/field/kojin01.html

利用されることが多かった。絵文字や顔文字も日本独自の文章表現文化として発達してきた。しかし，画面の大きさは，通常の携帯電話で約3.2インチである。つまり，小さな画面に大量の情報が映し出されるのである。その情報を一度に見ようとすると，当然，フォントは小さくなる。小さなフォントでも判読しやすいという特性が求められていたのである。

　技術的要因としては，デジタル液晶画面を表示器として搭載する情報機器の増加があった。家電製品が情報家電化する傾向は，2001年当時既にあった。エアコンのリモコン，電子レンジ，PDA，携帯辞書，デジタル音楽プレイヤー，デジタル複合機，デジタルAV，デジタルカメラ，デジタルビデオ，カーナビ等。これら製品に共通していることは，「小さな画面」ということだった。しかもカーナビ等の文字は，瞬時に判読できなければ大事故につながるという大任を担っている。またこのような「小さな画面」だけではなく，「大きな画面」においても，デジタル液晶画面は利用されていた。駅や施設内の案内表示板では，文字を遠くからも見ることがある。大きな文字だからといって全てが判読しやすいとは言い難かった。

4-2　技術情報

　リムコーポレーションでは，ユニバーサルデザインフォントのノウハウや技

術情報を，どのよう取得・育成していったのだろうか。ここでは，開発初期から現在までの様子を概観していく。

2003年，リムコーポレーションでは，本格的にユニバーサルデザインフォントに取り組むことにした。「日本語ビットマップフォント」の成功もあり，「小さな画面」に小さな文字を表示する技術には自信をもち始めていた頃だった。竹塚社長をはじめ，会社全体として，新しいフォントに取り組むことを確認し合った。当社では，既存のフォント開発の経験から，「未だ，濁点，半濁点の付いた文字が読みにくい」という認識があった。よって，ユニバーサルデザインフォントの開発事業を，既存のフォント事業の次の柱に据えることになった。

まず，自社内のデザイナーチームにより，コンセプト作りから始めることにした。しかし当社では，これまで作ってきた小さなフォントと，ユニバーサルデザインフォントの根本的違いに気付き始める。「人間が見やすいフォント」とはいかなることだろうか。「人間が文字を見る」ということは，脳でその形状を認知し，内容を理解している。つまり，これまでのフォント以上に心理学的な要素が強いのではないだろうか。このような心理学に基づいたデータの蓄積は，当社に少ない，もっと基礎研究から構築する必要があるのではないだろうか。また，開発競争の激しい業界において，開発期間を短縮できる等のメリットも考慮し，最終的に，当社では，単独開発の方針を変更し，フォント開発の専門家との共同開発へと模索を始めた。

そこで当社では，専門家を，インターネット検索，業界紙，学術誌など様々な媒体を利用し，探していった。その結果，ある工業デザイン系学術誌で，千葉大学工学部デザイン学科教授（当時）宮崎紀郎氏の実績に目が止まった。宮崎教授は，1988年，新聞の文字等で有名な株式会社イワタと共同で，「イワタ丸ゴシック」を開発するなど[15]，高い実績をもつ専門家だった。また千葉大学工学部は，デザイン界では優秀な人材を排出するということで知られており，当大学の教授ということもあり，当社では，宮崎教授に高い関心をもっていった。そこで，2005年秋，竹塚社長他が，宮崎教授のもとを訪問するに至った。宮崎教授は，「イワタ丸ゴシック体」作成の際に，活字用（印刷用）と当時利用者の多かったワープロ用（表示用）の両者に利用されることを念頭にしていた。宮崎教授自身，今後増加するであろう表示用のフォントの必要性を認識し

ていた。

　当社では，宮崎教授と共に，本格的に開発に取り組んでいった。まずユニバーサルデザインのコンセプト作りを行った。コンセプト作りにおいて，当社が宮崎教授に伝えたことは，「新しく開発するフォントが，当社が既に保持しているフォントエンジンで出力が可能な文字であること」ということだった。当社では，複数のフォントエンジンを保持しており，それらエンジンで動作可能なフォントでなければ，デザインは良くても，表示する方法がないということになってしまうからであった。

　この既存技術の存在も踏まえ，両者は，新規フォントを構想する前に，「既存のフォント」について議論を始めた。当時，表示用として用いられていたフォントは，実は，「印刷用フォント」をそのまま，表示用に適用させていることが多かった。印刷では，文字の斜めの線や丸い部分など，そのままのラインを描くことができる。しかし，当時，例えばワープロの文字は，ドット文字が多かった。よって，画面表示，また，プリンタでの印刷時にも，文字の斜め線や丸い部分は，ギザギザな表示となっていた。議論の結果，表示用フォントの問題点として，次の4点が浮上した。①「濁点（ば）」と「半濁点（ぱ）」のフォントの見分けがつきにくい。②画数の多い漢字やライン（線）の込み合っているひらがな「あ」「ぬ」「ね」「ゑ」等は，込み合っている箇所が潰れてしまうことがあった。③似ている文字が判別しにくい。④数字が判別しにくい（特に，3，5，6，8，9）であった。これら課題を整理し，ユニバーサルデザインフォントのコンセプトを当社と宮崎教授との間で擦り合わせた。

　その結果，次のようなコンセプトを作成した。「すっきりしたライン構成」「適正なラインの太さ」「文字を特徴づけるエレメント（箇所）の強調」「視線の流れのよいライン」「ライン間の間隔を大きく取る」「広いふところ（ラインが囲む空間）」「従来の文字デザインの伝統にとらわれない新しい試み」。なお，コンセプト作成を共同で行ったため，その後の具体的な形状デザインもブレることなく進んでいった。

　コンセプトを作成した後，フォントの形状デザインに入ったわけだが，そこで一番重要だったのが，コンセプトをいかに具体化するかであった。そのためには，コンセプトにもあるが，「文字デザインの伝統にとらわれない」という

ことを実行するということだった。よって，次のような工夫を行った。従来の伝統として，日本語の「は」「ば」「ぱ」において，「は」という文字本体の大きさは3つとも同一にしなければならないというのがあった。宮崎教授は，その考えを変更した。「（3つのフォントの大きさは）同じでなくとも良いのではないだろうか」という考えに至った。宮崎教授は，濁点や半濁点を分かりやすくするために，「は」の右片を少しカットした。また濁点のつけ方に工夫をした。通常，濁点の2つの点の長さは，同じである。しかし，判読しやすいように，1つを長めにし，点の存在を強調したのである。また，ラインとラインの間を広めにとり，見やすさ（可読性）を高めた。例えば，「花」と言う文字の草冠部分の2つの縦線の間を広げる設計をした。また文字自体の特徴となる部分を強調する工夫も行った[16]。

　このようなデザインの形状の作成は，宮崎教授と当社のデザイナー3名が担当した。当社としては，全社的にこの新規フォントの開発を重要視していたため，専属の担当者をつけた。宮崎教授と当社とのやりとりは，実にアナログ的だった。IT系企業だと，Eメールのやりとりだけで物事が決まっていくイメージがある。しかし，当社では，教授と担当者との実際のミーティングを重要視し，頻繁に行っていた。当社の担当者が，浜松から千葉大学研究室に通った。また，東京事務所開設後は，事務所に，宮崎教授と担当者が集合し，ミーティング行うという形式をとった。というのも，両者にとって可読性や識別性（文字を正確に特定できるか否か）の高い表示用フォント作りは初めてであり，フォント開発の実現に向けて，擦り合わせなければならない課題が多くあったためである。このように当社では，自社独自の技術にこだわらず，外部専門家（学術研究者）との連携を行っていった（産学連携）。

　また，当社では，外部の助成金制度を利用した[17]。助成金制度の利用には，次の3点のメリットがあったと考えられる。1点目は，開発に係わる資金の獲得である。一般的に，新製品開発には試行錯誤期間が続き，事業化に至るまでに長期間要することがある。その間，組織内部で補填し続ける必要が出てくる。そのような状況に対して，外部資金は，製品開発の促進と継続の後押しをしてくれる役割を担う。2点目は，国や地方自治体等から助成金を受けるということは，その企業と，その事業企画自体が国等から評価されていることになり，

当社並びに対象製品に対する信頼度や客観性を高める役割を果たすことがある。後述するが，当社の場合もそうだった。そして，3点目が，「締切り効果」である。助成金制度は，一般的に，その資金が有効に使用された証明として，研究開発の成果発表を求められる。成果発表の期限が設けられるのである。当社では，この期限を有効的に利用した。

というのも，今回は，言わば，産学連携による事業だった。一般的に，企業と大学研究者との間には，研究開発に関する時間感覚や成果物に対する意識が異なり，産学連携事業は難しいと言われている。もちろん，先に示したように，アナログ的なコミュニケーションを積極的に行っていたので，両者の意見などは擦り合わせがうまくいくようになっていった。しかし，そこで，この連携の成果をできるだけ短い期間内に的確に出すために，当社では，この期限を，宮崎教授と当社の「(当面の)目に見える共同のゴール」に設定したのである。「いついつまでに，成果を発表しなければならないので，お互いのスケジュールは……で」というような様子であった。このゴール設定により，マラソンの中継地点のように，ポイント，ポイントで，きっちり成果を上げていくことができた。

4-3 市場情報

当社が外部協力を行った面は，これまで示したように技術情報の確立・蓄積のためだけではなかった。市場情報の不足を補う仕組みにおいても，外部専門家の協力を仰いだ。具体的には，(事前のニーズ調査等ではなく)，開発途中における試作品等の評価・検証(被験者の評価)を行ってもらい，そのデータ蓄積をしたのである。その専門家は，宮崎教授が紹介した日比野治雄教授だった。日比野教授は，千葉大学大学院工学研究科デザイン心理学の教授で，デザインと心理学のエキスパートだった[18]。

本プロジェクト全体の流れは，次のように決まった。①(宮崎教授と専属担当者から)第一デザイン案の提示，②実験的検証による問題点の指摘，③(宮崎教授と専属担当者から)問題点を考慮した修正デザイン案の提示，④修正デザイン案に対する検証(②の問題点が解消されていれば完成。しかし，解消されていなければ，③と④を繰り返す)。

日比野教授の研究室が担当したのは，②と④であった。検証では，可読性や識別性，そして印象評価（好感度および読みやすさ）の実験を試みた。

　文字の見え方は，その人の視力にも左右される。よって，日比野教授は，被験者ごとに，視力を考慮した識別域（対象を識別できる場合とできない場合の境目のこと）を設定し，その識別閾に相当する大きさの文字を用いて，試作段階のフォントの可読性や識別性を評価していった。評価には，既存の文字を他に2種類用意し，合計3種類に対して，正答率を出していった。当初，試作段階のユニバーサルデザインフォントは，一番低い正答率だった。その結果を分析すると，濁点や半濁点のある文字において正答率が低いことだった。この結果を，宮崎教授および当社の専属担当者にフィードバックした。宮崎教授らは，この結果を受け，文字における濁点の位置を変える等の改善を行っていった。このような改善を何回も積み重ねていった。印象評価では，十分な大きさの文字と識別域付近の大きさ（条件の悪い状態）を用意し，読みやすさの評価を被験者に尋ねた。その結果，識別付近の大きさの場合，「読みやすい」と感じる割合が高かった。これは，ユニバーサルデザインフォントとしては，とても良い評価だった。というのも，このフォントは，携帯電話等の小さな画面で読まれることを想定しており，それと同じような「条件の悪い状態」において，「読みやすい」という印象を得たのであった[19]。

4-4　普及活動

　ユニバーサルデザインフォントは，生産財である。よって，当社としては，フォントを搭載する製品を保持している企業や団体を念頭に営業活動を行ってきた。IT系の展示会や企業が集まる総合展等にブースを設け，新しいフォントを売り込んでいった。2005年に発表していたユニバーサルデザインフォントは，先発優位性が十分に発揮された結果となった。携帯電話のメーカーが，当社の新しいコンセプトに興味をもち，その可読性・識別性を高く評価した。

　また，それまでのフォント実績も伴い，ユニバーサルデザインフォントを搭載した携帯電話は次第に増加していった。当社が，想定外だったのが，千葉大学教授と連携して事業を行った点を，周りが評価していたことである。当社のユニバーサルデザインフォントは，いわゆる産学連携によって誕生した製品で

あった。業界において優れた人材輩出の千葉大学工学部と共同で，「事業化（販売）」まで達成したことは，当社の研究開発レベルの高さをアピールすることになった。しかも，検証作業も外部（日比野教授）に依頼しているという点で，製品の信頼性を高めた。当社独自で，ユニバーサルデザインフォントを広告するだけではなく，このような開発過程が，ユニバーサルデザインの信頼性を高め，製品の信頼につながった。

　そして，このように多くのエレクトロニクス企業（電気製品メーカー等）の製品に，当社のフォントエンジンが搭載されることにより，「普及」の面からは着実に実績を積んでいることになる。その反面，実際には，技術が外部に流出するのではないだろうかと疑問が湧いてくる。しかし，そのような心配は無用である。当社では，コアコンピタンス（中核技術）に係わる特許出願を行っていない。独自技術（ノウハウ）として社内に保持する戦略をとっている。よって，実際に商談があった場合は，当社の組み込みソフトのエンジニア自らが顧客であるメーカーの製品に，当社のソフトを組み込みに行っている。顧客には，ライセンス供与という形式で提供しており，一切，ソースコードを開示することはない[20]。

　このように「中核技術を非公開にして，搭載製品の幅を拡大させる」という製品展開戦略は，海外展開に際しても一貫している。現在，当社では，日本同様「漢字の文化」がある中国市場へ積極的アプローチを行っている。しかし，中国は依然，知的所有権に関して，他国よりも整備が遅れている。そこで当社では，自社単独で中国市場に乗り込むというような方針は取らなかった。産業全体を鳥瞰し，知的所有権に関する製品戦略に長けた欧州メーカーに注目した。まず，当社製品を欧州メーカーにライセンス供与し，欧州メーカーの製品に搭載してもらう。そして，その製品を中国へ販売するのである。欧州メーカーにとっても当社の製品は，漢字だけではなくユニバーサルデザインの概念を落とし込んだ製品として魅力がある[21]。「組み込み（搭載する）製品」の強みを生かし，知的所有権を守っているのである。

　なお当社の普及活動において，忘れてはならないのが，当社ホームページによる情報公開である。このような情報公開は，どこの企業でも行われており，特記すべき事項ではないだろうと思われるかも知れない。しかし，一度，当社

のホームページを閲覧してもらいたい。当社の製品の詳細掲載に匹敵するほど，外部からの評価を丁寧に掲載している。自社の製品の詳細説明や他社との差別化を述べるのは簡単である。しかし，外部評価ほど，その製品の真価を雄弁に語るものはない。各種団体からの受賞の様子，（当社が）事例として取り上げられた報告書の紹介，講演会，新聞記事，学会誌，雑誌記事等，多岐にわたる。それらに目を向けると，生産者，流通業者，生活者様々な視点から，当社製品に注目していることが分かる。当社自身が自覚していないような評価・評判が，次の顧客を呼び込む効果ももっているように思われる。

5　おわりに

　本章では，ユニバーサルデザインに注目をし，2001年頃，国内において，その取り組みに，課題が山積していた様子を指摘した。そして，当時の課題をどのように乗り越えて，現在まで成長を続けているのか，ユニバーサルデザインフォントを開発した㈱リムコーポレーションの事例を通して概観してきた。

　当時の調査結果において明らかだった課題は，まず「ノウハウ及び技術情報の不足」，「生活者ニーズに関する情報不足」，「普及に向けた製品情報の提供の不足」である。要するに，「技術情報」「市場情報」「普及活動」の「不足」であった。これら課題に対して，㈱リムコーポレーションが行っていた取り組みを以下に整理する。

　技術情報に対しては，まず，①新規フォントに取り組む企業の方向性を全社員に示し，理解を得ている。次に，②企業内での研究開発に固執せず，外部有識者と共同開発を開始した。③既存技術（フォントエンジン）を考慮に入れた新規製品のコンセプト作りを行った。次に④フォントデザインの伝統的考え方を再検討し，コンセプトを新規フォント開発に落とし込んでいった。⑤専属担当者を設置し，宮崎教授や日比野教授らとの共同開発に，全社的な取り組み姿勢を保持した。⑥助成金制度を，資金調達だけではなく，開発スケジューリングのツールの1つ（期限）として利用した。

　市場情報に関しては，開発過程の製品の評価検証を，第三者に依頼した。担当した千葉大学日比野教授は，可読性や識別性の調査，そして印象評価（好感

度及び読みやすさ）の実験を試みた．不具合を指摘し，それを当社の専属担当者や宮崎教授にフィードバックし，そして改善案をさらに検証するというサイクルを繰り返した．

普及活動については，①特許ではなくノウハウとして中核技術を保持する戦略を保持しながら，搭載される製品のメーカー企業へのアピールを行う．②産学連携によって誕生したという経緯を説明し，大学研究機関と共同開発できるという当社の研究開発能力を示す．そして④ホームページにおける第三者評価の掲載である．

このように，2001年当初課題だとされていた事象について，当社では，独自の工夫を凝らして販路を拡大してきた．なぜ，当社にはこのような取り組みができたのであろうか．その原動力は，当社の社名にも込められている「情報機器産業においてリーダーシップを握る」という信念である．リーダーシップを握るためには，他者に先駆け適切な市場を探し，そこで，いち早くシェア拡大を図ることである．よって，新製品開発において，単独開発が難しいと判断すれば，迅速に戦略を変更し，他者との共同研究を厭わなかった．また，生活者の環境変化（高齢化等）を鑑み，自社の既存製品を客観視し「まだ何か足りない」という問題意識を常に全社員で共有していた点も挙げられる．

「デザイン価値」がもてはやされ，新しいデザインの概念が登場するたびに，多くの企業が飛びつくが，そう容易に成功する訳ではない．2010年現在，ユニバーサルデザインに関する製品やサービスの中でも，既に淘汰されたケースもある．今後，ユニバーサルデザインを取り入れようと計画している企業は，まず自社において，このテーマに関する製品やサービスの開発が本当に必要なのか，その事業を継続する既存の経営資源が存在するのか，その自問自答から始めてもらいたい．

謝辞
　本章執筆にあたり，㈱リムコーポレーション代表取締役副社長間淵雅宏氏には，多大なるご協力をいただいた．ここに記して感謝を申し上げる．なお，文中における解釈に誤解がある場合は，すべて筆者の責任である．

（内原　綾）

注

1 「ユニバーサルデザイン．Jp」のホームページより引用。2010/08/24アクセス
2 詳しい原文は，ノースカロライナ州立大学ユニバーサルデザインセンターのサイト「http://www.design.ncsu.edu/cud/about_ud/udprinciples.htm」で参照されたい。
3 アメリカの時代背景に影響されているので，川崎和男（2002）は，「ユニバーサルデザインは，この七原則から成り立っているということを知った上で，これを日本流に再考し，再構築していく知恵が必要であり，日本の状況，あるいは日本の民族性や将来的な理想に照らし合わせながら，日本において別のものをつくらなければならない」と述べている。
4 つくばエクスプレスHPの「ユニバーサルデザイン」より引用。2010/08/24アクセス。
5 パナソニックホームページより引用。2010/08/24アクセス。
6 川崎（2002）によると「共用品」とは以下である。「例えば，右利きの人，左利きの人，両方が使えるものである。しかし，共用品＝ユニバーサルデザインではない。それはデザインには，必ず『美しさ（審美性）』『機能性（使いやすさ）』『合目的性（つくりやすさや生活での存在性）』の3つが必要だからである。共有品は，機能性や合目的性には該当するが，美しさまで配慮されているとは限らない。」
7 コクヨ㈱のホームページより引用。2010/08/24アクセス。
8 同賞は，2007年まで設置されていた。2008年，同賞の改定が行われ，ユニバーサルデザイン賞は，その概念が社会的に定着したということで役割を終えたと考えられた。
9 グッドデザイン賞のホームページより引用。2010/08/24アクセス。
10 生活者アンケート（民間調査研究機関の保有するモニター世帯16歳以上の男女600名対象。有効回答数482名，80.3％），調査時期1999年12月17〜24日，製造業者アンケート（帝国データバンクの企業リスト利用，全国の最終消費財製造事業者1,000社，有効回答事業者数307社，30.7％），調査時期2000年1月19〜2月2日，流通業者アンケート（帝国データバンクの企業リスト利用，全国流通業者1,003社，有効回答数168，16.7％），調査時期2000年12月8〜22日。
11 本章では，「フォント」と「書体」を同義で用いる。なお，小学館『新解国語辞典（第2版）』によると「フォント」とは，「同一書体で同一の大きさの大文字・小文字・数字など欧文活字の一揃い。また文字の字体・デザインのこと」という意味である。「書体」とは，「字のかきぶり。文字のいろいろなかきかた」。ちなみに，「文字」とは「ことばを記号であらわしたもの」である。
12 宮崎（2010）p.10。
13 リムコーポレーションの名称は，「LIM：Leadership In Microsoftware」（情報機器産業においてリーダーシップをとる）の頭文字を取ったものである。常に

特定分野においてリーダーになるという意思が込められている。
14 ドットとは，ディスプレイやプリンタで文字や画像を構成する最小単位となっている点のこと。
15 宮崎（2010）p. 10。
16 宮崎（2010）pp. 12-13。
17 筆者が全執筆を担当した『H19年度ナレッジリサーチ事業・中小ベンチャー企業と産学連携に関する調査研究』p. 51。
18 日比野（2007）pp. 29-30。
19 日比野（2008）p. 33。
20 中小企業庁『中小企業白書（2010年度）』p. 59。2010/08/24アクセス。
21 「浜松商工会議所」オンライン「newing・1月1日号」, p. 17。2010/08/24アクセス。

参考文献

川崎和男（2002）「日本型ユニバーサルデザインを構築するために」梶本久夫監修『ユニバーサルデザインの考え方―建築・都市・プロダクトデザイン―』第二章 丸善株式会社，pp. 4-82

独立行政法人中小企業基盤整備機構経営支援情報センター『H19年度ナレッジリサーチ事業・中小ベンチャー企業と産学連携に関する調査研究』, p. 51

日比野治雄（2007）「人間の心理特性の視点からデザインを考える(2)書体デザインの改善への貢献―その1―」『人間生活工学』Vol. 8 No. 4，pp. 28-30

日比野治雄（2008）「人間の心理特性の視点からデザインを考える(3)書体デザインの改善への貢献―その2―」『人間生活工学』Vol. 9 No. 1，pp. 31-34

宮崎紀郎（2010）「画面ディスプレイ上で読みやすいユニバーサルデザインフォント開発」『デザイン学研究特集号』日本デザイン学会，pp. 8-15

参考URL

グッドデザイン賞ホームページ「2008年度受賞結果の概要：本年度の制度改定について」http://www.g-mark.org/archive/2008/revision.html

コクヨ㈱ホームページ「ユニバーサルデザイン」http://www.kokuyo.co.jp/yokoku/ud/

つくばエクスプレスホームページ「ユニバーサルデザイン」http://www.mir.co.jp/safety/universal.html」

中小企業庁『中小企業白書（2010年度）』, p. 159。http://www.chusho.meti.go.jp/pamflet/hakusyo/h22/h22_1/h22_pdf_mokuji.html

パナソニック㈱のホームページ「住まいの設備と建材：ユニバーサルデザイン」http://sumai.panasonic.jp/ud/index.html

浜松商工会議所　オンライン「newing・1月1日号」, p. 17。http://www.hamamat-

su-cci.or.jp/newing/20100101/index.htm
ユニバーサルデザイン．JP のホームページ「もっと知りたいユニバーサルデザイン」
http://www.universal-design.jp/

8章 化粧品業界における
コミュニケーション戦略の展開

1 はじめに

　化粧品という製品の特性上，化粧品の製造・販売に携わる企業は次に挙げるようなコミュニケーション戦略上の課題を抱えることになる。第一に，化粧品の効能・効果を謳うことは薬事法により禁じられているため，表現はどうしても他社と似通ってしまう。第二に，化粧品の泡立ち，色，テクスチャーなどを文章や写真のみで伝えるのは限界があるため，試用を促す工夫も求められる。第三に，試用に至っても，製品に対する評価は消費者の肌のタイプや色により変わりうるため，ただ試用を勧めるだけでなく，どのようなタイプの消費者に合うのかまできちんと伝える必要がある。これらの課題があるために，化粧品企業にとって，薬事法にのっとりながら自社商品の特徴を伝え，試用を促すとともに，良好なブランドイメージを構築するようなコミュニケーション戦略は非常に重要となっている。

　このコミュニケーション戦略のうち，1980年代末より重視されてきたのが，「美容ジャーナリスト」などの肩書を持つ人たちを介して，消費者とコミュニケーションを図るという方法である。彼らは化粧品を試用し，その使用感を含めた製品情報を伝達したり，特定製品を推奨したりする者であり，映画評論家やモータージャーナリストと類似の活動を行う。消費者行動論分野では，このような「プロの目利き」が消費者のために消費者に代わって購買意思決定の一部を行っているという意味で，彼らを「代理消費者」と呼び，研究するものが

ある。化粧品業界では，特に1990年代後半から2000年にかけて美容雑誌の創刊が相次ぎ，美容関連製品・サービスに精通した代理消費者（以下，美容代理消費者）が誌面に登場する機会が急増したため，化粧品企業にとって美容代理消費者へのアピールが重視されるようになった。だが2000年代後半からは，クチコミサイトやブログのように消費者自身が使用感を発信できる場が生まれたことで，化粧品企業は美容代理消費者を介して消費者にアプローチする間接的コミュニケーションと，消費者にダイレクトにアプローチする直接的コミュニケーションの両方を，うまくバランスを取りながら遂行するという新たな課題にも直面している。

そこで本章では，まず化粧品の製品特性や市場の変化について指摘した上で，1980年代末より実施されてきた美容代理消費者向けのコミュニケーション戦略について紹介する。次に，この戦略に加え，消費者や顧客に直接アプローチする戦略を併用して成長したブランドとして，味の素㈱の化粧品ブランド「ジーノ®」の事例を紹介し，同ブランドの成功要因をコミュニケーション面から分析する。最後に，化粧品業界が直面している今後の課題を指摘する。

2　化粧品の製品特性と流通チャネルの変化

2-1　化粧品の製品特性

化粧品は，「人の身体を清潔にし，美化し，魅力を増し，容貌を変え，又は皮膚若しくは毛髪を健やかに保つために，身体に塗擦，散布その他これらに類似する方法で使用されることが目的とされている物で，人体に対する作用が緩和なものをいう」（薬事法第2条第3項）。

この化粧品は，フレグランス化粧品，ヘアケア化粧品，スキンケア化粧品，メイクアップ化粧品に大別される。このうちフレグランス化粧品には香水とオーデコロンが，ヘアケア化粧品にはシャンプー，ヘアリンス，整髪料，ヘアカラーリング剤などが含まれ，これらも広義の化粧品に入る。だが，「顔を清潔かつ美しくする」という一般的な化粧の概念には，狭義の化粧品であるスキンケア化粧品とメイクアップ化粧品の2つが当てはまるだろう。

スキンケア化粧品とは基礎化粧品とも呼ばれる。顔を清潔にし，肌の調子を

整え，正常な働きを助けることを目的とする化粧品であり，基本的に毎日，朝晩の2回使用する。他方メイクアップ化粧品とは仕上用化粧品とも呼ばれ，色彩を施すことで目や唇といった部位を強調したり，血色をよく見せたりするなど，顔を美しくするのに用いられる化粧品である。そのため，女性の基本的な使用習慣としては，まず朝（または外出前）にスキンケア化粧品で肌の調子を整えた後，メイクアップ化粧品を使用して顔を美しくして外出し，夜（または帰宅後）に再びスキンケア化粧品を使用してメイクアップ化粧品を除去し，肌の調子を整える，ということになる。

2.2 化粧品流通チャネルの変化

日本で流通する化粧品のうち，美容院やエステティックサロンなどに向けた業務用を除く最終消費者向け化粧品は，その流通チャネル別に「制度品」，「直販品」，「訪問販売品（訪販品）」，「一般品」，「通信販売品（通販品）」の5つに大別される。

制度品とは，化粧品企業が直接または自社系列の販売会社を通じて，主に系列化（チェーン・ストア化）した小売店で販売する化粧品のことである。この形態は資生堂，カネボウ化粧品[1]，コーセー，アルビオン，マックスファクター（P&Gグループ）などの大企業のみに見られる，日本市場独自の流通形態である。化粧品はかつて，自動車や家電製品とともに流通系列化を特徴とする製品であり，この制度品の市場規模が最も大きかった。

直販品とは，制度品に準じるものであり，化粧品企業が直接，主に百貨店で販売するものである。特に外資系企業の多くがこの形態で輸入・販売することから，「高級品」とも呼ばれる。

訪販品とは文字どおり，販売員が消費者の自宅を訪問して製品を販売するものである。化粧品企業は直接または系列の販売企業などを通じて，販売員を派遣する。

以上の制度品・直販品・訪販品は，一般に「美容部員」，訪販品の場合は「セールスレディ」とも呼ばれる化粧品企業の販売員が，消費者の悩みや要望を聞いたり，肌の状態を確認したりする。この作業は「カウンセリング」と呼ばれ，販売員はこのカウンセリングの結果をふまえて，消費者に適切な製品を

紹介・推奨する対面販売を行う。このため、これらは「カウンセリング化粧品」と総称される。

次に一般品とは、一般の卸を経由した後、バラエティショップ（1980年頃から出現し始めた業態であり、化粧品・服飾小物・雑貨などを扱う小売店）、GMS（ゼネラル・マーチャンダイズ・ストア。大型のいわゆる総合スーパー）やディスカウントストアといった量販店、ドラッグストア、コンビニエンスストアなどの一般小売店で販売される化粧品である。

最後に通販品とは、カタログやインターネットを用いた通信販売により、直接消費者に販売される化粧品である。

以上の一般品・通販品では、消費者がカウンセリングを受けることなく、自ら製品を選択・購買するセルフセレクション方式が採用されている。このため、これらは「セルフ化粧品」と総称される。

以上の流通チャネル別の市場規模は図表8-1のとおりである。

図表8-1より、セルフ化粧品市場の拡大が見て取れる。その要因の1つは、制度品を主力としていた国内の化粧品企業による流通再編にある。資生堂や

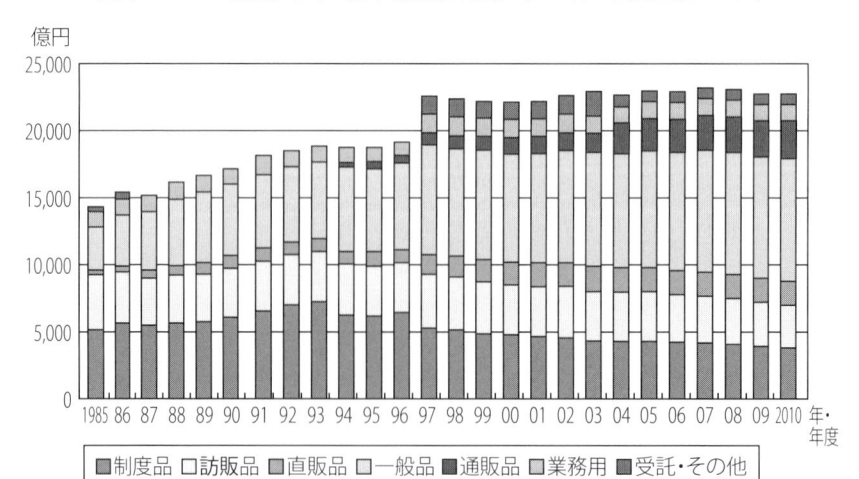

図表8-1　流通チャネル別市場規模の推移（メーカー出荷金額ベース）

■制度品　□訪販品　■直販品　□一般品　■通販品　□業務用　■受託・その他

（出所）『化粧品マーケティング総鑑』各年版[2]。

コーセーやカネボウ化粧品などが，一般品や，「制度品セルフ」とも呼ばれる制度品と一般品の中間に位置づけられる化粧品[3]の発売に積極的に乗り出し始めたのである。具体的には，一般品の製造販売企業として，1982年にカネボウホームプロダクツ販売，88年にコスメポート（コーセー系列），90年に資生堂ファイントイレタリーがそれぞれ設立された。また制度品セルフの製造販売企業としては，91年に資生堂コスメニティー，93年にコーセーコスメニエンス，94年にカネボウコスメットがそれぞれ設立された[4]。図表8－1によると，一般品の市場規模は1994年に6,232億円となり，6,185億円の制度品を上回った。それ以来，一般品が最大の市場であり続けている。

もう1つの要因は，訪販品市場が縮小し，これに取って代わる形で通販品市場の規模が拡大したことにある。1990年代以降に市場参入した企業の中には，小売店に製品を置かず，通信販売のみを手がける企業が少なくなかったためである。

改めて図表8－1を見ると，カウンセリング化粧品の市場規模は，制度品・訪販品の縮小を直販品の拡大が埋め合わせる形で一貫して1兆円前後で推移しているのに対し，セルフ化粧品の市場規模は1985年の3,230億円から2004年度には9,960億円へと急増していることが分かる（ただし，上述した制度品セルフは，ここでは制度品に分類されている）。また，セルフ化粧品はカウンセリング化粧品に比べて，概して単価が低い。このことを考慮すると，実際にはセルフ化粧品の出荷金額に現れている分以上に，消費者が単独で購買意思決定を下す機会は増えていると考えられる。これが，次に述べる美容代理消費者を多数誕生させることとなった。

3　美容代理消費者向けコミュニケーションの成立

3-1　美容代理消費者の出現

美容代理消費者の出現については，一般的に次のように説明されている（『AERA』1996年6月17日号；中島 2005；永江 2001）。まず，前節に記したように，1980年代以降，国内化粧品企業による流通チャネルの再編に伴い，消費者が単独で一般品を選択・購買する機会が増加した。また，この流通チャネ

ルの再編や外資系企業の攻勢などにより，化粧品の製品数やブランド数も増加した。消費者にとって，自分一人で，多数の製品・ブランドの中から自由に組み合わせて化粧品を選択・購買することは，購買意思決定の複雑化を意味する。よってマスコミ各社は，消費者が多くの製品やブランドの中から簡単に，かつ，自分の肌や流行に合う製品を正確に選択・購買するのを援助するような人物を，マスメディア上で盛んに起用するようになったというのである。

　日本における美容代理消費者は，1980年代末ごろ，「美容ジャーナリスト」，「美容ライター」，「ヘアメイクアーティスト」などの肩書きとともに出現した。その後現在に至るまで，その人数はますます増えつつある。この一因は，化粧品や美容関連製品を扱う雑誌の創刊にあると思われる。それまで1991年に講談社が『FRaU（フラウ）』を創刊し，その後98年に同じく講談社が『VoCE（ヴォーチェ）』を創刊したことで，「美容雑誌」と呼ばれる雑誌のジャンルが確立した（中島 2005）。これらの美容雑誌を開くと，毎号とも多数の美容代理消費者が採用されていることが分かる。美容代理消費者の人数に関する正確なデータはないが，美容ライターを取り上げたテレビ番組のウェブサイトでは，「番組独自の調査によれば，現在日本に棲息する美容ライターは約2,000」と記されているほどである[5]。

　美容代理消費者には，評論家タイプとプロユーザータイプという2つのタイプがいる。評論家タイプの場合は，雑誌出版社の編集者に準じた仕事を本業としている。すなわち，化粧品企業から提供された製品やパブリシティ情報を記事の材料とし，必要であれば化粧品企業の従業員に追加取材を実施した上で，記事を執筆したり編集したりすることである。一方，プロユーザータイプの場合は，化粧品を使用して，芸能人やモデルのヘアメイクを担当することが本業である。加えて，どちらのタイプも，製品情報や評価の発信を行うことがある。仕事上，多数のブランドの多数の化粧品に日々接している彼らは，記事執筆やヘアメイクのみならず，目利きとしての能力をも備えていると期待され，コメンテーターとしても雑誌等で活躍しているのである。それゆえ，化粧品企業のPR担当者は，それまでは雑誌編集者に対してアピールしていたところを，1980年代末以降は美容代理消費者にアピールし，自社商品を試用してもらい，好評コメントを雑誌やテレビ等で語ってもらうことを目指してPR活動を展開

するようになった。

3-2 美容代理消費者に対するPR活動の激化

化粧品企業のPR担当者の活動には、図表8-2にまとめたように、公式および非公式のさまざまな活動が含まれる。具体的には、パブリシティの送付であるプレスリリース、大規模な新製品発表会、小規模の説明会や「キャラバン」と呼ばれる個別訪問、非公式の食事会などである。

公式のPR活動としては、プレスリリースや新製品発表会がある。プレスリ

図表8-2　化粧品企業のPR担当者の活動内容

	プレスリリース	新製品発表会	説明会	キャラバン	食事会、その他
定義	パブリシティ情報を掲載した文書の送付	大規模な新製品お披露目イベント	少人数での勉強会	個別のPR活動	非公式の「つきあい」
PR対象者への接触	FAX等で一斉に同報	招待制	招待制	個別にアポイントメントを獲得	人脈など、非公式に
PR対象者の数と職種	多数	多数（数百人まで）編集者、美容代理消費者、売り場担当者	少数編集者、美容代理消費者	少数編集者、美容代理消費者	少数編集者（編集長クラスも）、美容代理消費者
化粧品企業の出席者の数と職位	なし	やや多数社長、幹部、PR担当者	少数PR担当者、時には社長	少数PR担当者、時には社長	少数PR担当者、時には社長
PR対象者とのやりとり	非対面のため不可	主に一方向（発表会後に会話や質問等は可能）	双方向	双方向	双方向
開催場所	なし	イベント会場	化粧品企業のオフィス	編集部、美容代理消費者の事務所	レストラン外資系企業の本社
費用・内訳	ごく少額（通信費）	多額（場所代、食事代、資料代）	少額（資料代）	少額（資料代）	少額（食事代）または多額（旅行費）

（出所）業界関係者へのインタビュー、新製品発表会で観察した内容を基に筆者作成。

リースとは，雑誌出版社などのマスコミ企業が記事や番組で取り上げてくれることを期待して化粧品企業が提供するパブリシティ情報を，1ページから数ページにまとめた資料であり，FAX等で一斉に同報される。また新製品発表会とは，化粧品企業が多数の編集者や美容代理消費者，さらには百貨店の売り場担当者などを招待して行う，大規模な新製品お披露目イベントである。化粧品企業からは挨拶のために社長や事業部長が，製品紹介のためにPR担当のトップが，それぞれ壇上に立つ。

やや公式のPR活動としては，「キャラバン」がある。キャラバンとは，化粧品企業のPR担当者が1人ないし数人で，アポイントメントの取れた雑誌編集部や美容代理消費者の事務所を個別に訪問して，主に新製品を紹介・説明する活動である。また，同じくやや公式のPR活動として，「説明会」と称する一種の勉強会を開いている化粧品企業もある。この説明会では，編集者や美容代理消費者に対して，化粧品とはどういうものなのか，皮膚の組成はどうなっているのかなどが説明されるという。説明会の中では，キャラバンと同様に自社の新製品を紹介する場合もあるというが，説明会とキャラバンは次の点で異なっている。まず，キャラバンでは自社の新製品の紹介を目的に，化粧品企業のPR担当者が編集部や美容代理消費者の事務所を訪問するのに対して，説明会では逆に編集者や美容代理消費者が化粧品企業のオフィスを訪問する。また，説明会で取り上げる製品は新製品とは限らず，他ブランドや他社製品を取り上げることさえあるという[6]。

非公式のPR活動としては，編集者や美容代理消費者との食事会が挙げられる。化粧品企業のPR担当者は，会食中に自社製品をアピールしうるため，食事会もPR活動の一環となるのである。また，特に外資系企業に多いのだが，編集長や美容代理消費者を本国の本社に招待するなど，多額の費用を要するPR活動が展開される場合もある。ただし，この旅行は編集長や美容代理消費者にとって完全にプライベートな旅行ではなく，雑誌の特集のための取材を兼ねた旅行であることも多く，その意味でこのPR活動は必ずしも非公式なものであるとは言えない。この特集では，当該化粧品企業やその製品について詳しく取り上げるというような約束が事前になされていることもあり，その場合は化粧品企業にとって多額の費用に見合うメリットがあるとして，PR活動が展

開されるのである。

4　ジーノのコミュニケーション戦略

　かつて化粧品に再販売価格維持行為が認められていたのは，価格競争が激化すると粗悪な品質の製品が出回りかねないと懸念されたためだった。だが世界で最も品質に厳しいと言われる日本の消費者を満足させるべく化粧品メーカーが努力した結果，いまやどの化粧品の品質も高いと言われるまでになり，1997年には再販指定も解除されている。また，化粧品市場の参入障壁は比較的低いことから，中小メーカーや異業種企業による化粧品ブランド発売が相次いでいる。その結果，日本の化粧品市場は高品質の製品がひしめく競争の激しい市場となっている。売上高が500億円を超える大型ブランドを抱えるのは資生堂やカネボウ，およびエスティ・ローダーなど一部の外資系企業のみであり，その他は小規模のブランドが多数存在するという状況にある。

　そのような中，異業種から参入した後発の通販品でありながら，100億円ブランドを目指せるほど成長したのが，味の素のブランド「ジーノ」である。

　ジーノでは，このような売上高の大きさとともに，マスメディアにおいて制度品ブランドと同じような扱いで取り上げられる点が際立っている。特に雑誌では，雑誌社が広告媒体としての価値を高めるために雑誌の高級イメージを作れるブランド，または，当該雑誌に広告を出稿している広告主ブランドがピックアップされやすいため，制度品や直販品，一部の一般品が取り上げられやすく，特に美容ジャーナリストが推奨する製品の多くは制度品ないし直販品ブランドで占められている。そのため一般品の多くや通販品ブランドは，新聞広告やテレビCMといった広告中心のコミュニケーションを取ることが一般的である。だがジーノは通販品ブランドでありながら，もちろん新聞広告も出稿してはいるものの，雑誌において美容ジャーナリストから推奨されることがあるという珍しいブランドなのである。さらに，ジーノの顧客の7割は40歳代以上だというが，この年代は愛着のあるスキンケアブランドが既に決まっていることが多く，ブランドをスイッチさせるのは容易ではないと言える。このような中で，なぜジーノは好調な売れ行きを見せているのだろうか。以下では，コミュ

ニケーション戦略を中心に，その理由を探る。

4-1 ジーノ発売の経緯と現状

　味の素は，アミノ酸をベースとするうま味調味料「味の素®」や，マヨネーズおよび中華レトルト食品などで知られる食品メーカーである。同社はアミノ酸研究を進める中で，世界で初めて医療用アミノ酸輸液（点滴製剤）を発売するなど，食品以外の分野におけるアミノ酸技術の活用を図ってきた。この一環として同社は，1970年代に化成品部を設け，2つの化粧品事業を開始した。1つは素材メーカーとしてアミノ酸由来の原料を化粧品メーカーに提供すること，もう1つは化粧品メーカーとして相手先ブランドによる生産（Original Equipment Manufacturer : OEM）を行うことである。

　前者の原料提供事業は，かねてより化粧品原料の開発に取り組んできた成果として，グルタミン酸を含むアミノ酸，および脂肪酸が誘導体化された洗浄成分「アミソフト®」が完成したことによる。アミソフトには肌と同じ成分であるアミノ酸が多く含まれるために，通常の界面活性剤とは異なり肌への負担が小さいという特徴があり，同社はその後数千社にこの素材を提供していった。

　後者のOEM事業は，国内の医薬品・食品・化粧品メーカーに対するアミノ酸販売部門として設立された宝興産㈱（当時）が，アミノ酸販売に加えて実施していた[7]。

　ジーノの発売にとって，この2つの事業を手掛けていたことは，次の3つの理由で極めて大きな意味を持っていた。第一に，特に洗顔料はその原料のほとんどが洗浄成分であるのだが，味の素はこの重要な素材を自前で所有することになった。第二に，この素材提供を行うにつれ，単なる素材提供ではなく処方設計（テクニカルサービス）も実施するようになった。処方設計とは，原材料や成分について何をどれだけ配合するかということであり，それゆえ製品力を規定する中核的な知識だと言える。第三に，化粧品OEM事業を通じて，化粧品や医薬部外品の製造技術を蓄積することができたのである。

　こうして同社は1997年2月に，初めての完成品ブランドとなるジーノを発売した（ただし製造販売元は味の素ヘルシーサプライ㈱，通販業務はジーノ㈱がそれぞれ行っている）。異業種から化粧品業界に参入する場合，ブランドイ

メージを確立するために企業名と無関係のブランド名をつけることが多い中，ジーノ（Jino）は企業名「味の素（Ajinomoto）」を基にしたブランド名となっている。同社によると，水分を含んだうるおいのある肌は，角質層にある角質細胞の中に「天然うるおい成分NMF（Natural Moisturising Factor）」を多く含んでおり，このNMFの40％を占める主成分がアミノ酸なのだという。それゆえアミノ酸メーカーとして著名な味の素による化粧品事業であることをアピールし，併せてアミノ酸とうるおいのある肌との関係を伝えるコミュニケーションを図ることで，消費者に対して「味の素→アミノ酸→うるおいのある肌のもと」という連想を喚起しようとしたと考えられる。

　ブランドカラーはピンクベージュで統一された。販売チャネルは通信販売とし，注文手段は当初より電話・郵送・FAXおよびインターネットが採用されている。当初の製品群は，洗顔料の「オッドメール ウォッシングフォーム」，化粧水の「オッドメール ローション」および美容液の「オッドメール エッセンス」からなり「基本三品」と呼ばれるスキンケア化粧品3種と，ヘアケア製品2種のみであったが，その後メイクアップ化粧品も加わり，2009年では化粧品とヘアケア製品を合わせ37品種69製品，を提供するに至っている[8]。また，スキンケア化粧品の多くが「無香料」「無着色」「パラベン不使用」であることも特徴である。

　ジーノの売上や利益は非公開であるが，報道によると2006年ごろの売上高は50億円弱，定期的に購入する顧客は約15万人と推測されており，2010年に売上高100億円を目指しているという[9]。また，同社によると，これまでに一度でも注文したことのある顧客数は150万人いるという。この顧客の中心は先述のとおり40歳代以上の人だが，同社はジーノについて，年齢・年代という切り口よりも，「乾燥肌」「添加物を気にする」という切り口で消費者に訴求する，"うるおい""自然派"化粧品だと位置づけている。

4-2　ジーノのコミュニケーション戦略

　ジーノのコミュニケーション戦略では，美容代理消費者，消費者，顧客という対象ごとに，コミュニケーションの内容・場・手段が使い分けられている。より具体的に言うと，まず，美容ジャーナリストなどの美容代理消費者向けに

は，発表会やキャラバンなどで，アミノ酸技術に関する講演を含むコミュニケーションが実施されている。次に，消費者向けには，新聞折り込みチラシと新聞広告において，先述の「味の素→アミノ酸→うるおいのある肌のもと」という連想を喚起している。最後に，購入経験のある顧客に対しては，ダイレクトメール（DM）・メールマガジン・季刊誌といった媒体を通じた一方的コミュニケーションと，電話などを通じた双方向コミュニケーションの両方，さらには顧客の声の集約に一役買うようなプレゼントの提供が行われている。以下では，美容代理消費者へのコミュニケーション，消費者へのコミュニケーション，顧客からのコミュニケーションの順に説明する。

4-2-1 美容代理消費者へのコミュニケーション

まず，美容代理消費者向けコミュニケーションでは，同社は制度品メーカーと同様のコミュニケーションを採用している。具体的には，新製品発売前には美容ジャーナリストや雑誌編集者など化粧品の伝え手となる業界関係者数百名を招待する発表会を開催している。ただし，この新製品発表会として，華やかな会場を借り，ショーのような内容で招待客に印象づけるブランドもある中，ジーノの場合は研究・開発のスタッフが登壇することが多い。このことも，ジーノではアミノ酸技術を中核とした商品開発を行っているという印象を招待客に与えるとともに，招待客の間にジーノの発表会に行けばアミノ酸技術について学べるという期待を生んでいると考えられる。また，発表会への欠席者にはその後連絡を取り，都合がつけばキャラバンで出向いて発表会情報をフォローするようにしているという。

また，図表8-2の「食事会，その他」に該当するコミュニケーションとして，不定期開催ではあるものの，アミノ酸技術への理解をさらに深めてもらうための企画を実施することもあるという。

こうしたコミュニケーションが奏功し，美容雑誌等で美容ジャーナリストに推奨されるものは制度品ブランドや直販品ブランドが大半を占める中，ジーノは通販品ブランドながら推奨されるという，珍しいブランドの1つとなっている。通販品ブランドであるが雑誌でこれだけ取り上げられることは，業界関係者の間でも一目置かれるほどである。

4-2-2　消費者へのコミュニケーション

　次に消費者向けコミュニケーションツールとしては，主に新聞折り込みチラシと新聞広告，加えてたまに雑誌広告という，計3つが採用されている。

　新聞折り込みチラシは，読売・朝日・毎日・産経・日本経済新聞といった主要紙において，肌の乾燥が気になる秋から冬を中心に，関東や大阪では2，3カ月に少なくとも1度という頻度で出稿されている。両面印刷のチラシのうち，表面には化粧ポーチつきのトライアルセット「うるおいのもと実感セット」の写真が大きく掲載されている。他方裏面は，アミノ酸メーカーである味の素だからこそ，うるおいのある肌の組成に重要なアミノ酸を由来とする原料を配合した化粧品を作ることができ，そのお試しセットがポーチつきで1,260円というお値打ち価格で手に入るというように，「味の素」「肌とアミノ酸」「1,260円」といったキーワードを盛り込んだ内容となっている。新聞広告は，このチラシの短縮版であり，やはり主要紙に2カ月に1度ほどの頻度で出稿されている。ジーノがこのように新聞を重視するのは，"うるおい""自然派"という特徴に最も反応する人は，肌の乾燥や添加物が気になる40歳代以上であり，新聞購読者が多いためである。この新聞広告に加え，不定期に雑誌広告やテレビCMも出稿されている。

　このうち雑誌広告は，「編集タイアップ広告」と呼ばれる，記事の体裁をとった広告となっている。ふつう広告は広告主企業から受注した広告制作会社が作成するのに対して，編集タイアップ広告は「タイアップ」（tie-up，協力）という名のとおり，雑誌編集部と広告主が協力して作成される広告である。それゆえ，当該雑誌の編集者やライターが記事の執筆や編集を担当する。よって広告主は雑誌出版社に対して，媒体費（出稿料）に編集部への制作費を上乗せして支払わなければならない。だが，当該雑誌のカラーや読者のことを最もよく知っているはずの編集部が制作に加わることで，その雑誌の読者に対する訴求力が生まれると期待されるのである。さらに，編集タイアップ広告は記事風であるため，一見すると通常の記事と見分けがつきにくい。雑誌広告では概して，外資系ブランドは白人・金髪・青い瞳のモデルを起用し，日系大手ブランド（資生堂，カネボウ，コーセーなど）は日本人の女優や歌手を起用するが，いずれも人物写真とブランド名やキャッチコピーのみを大胆に配置した"見せ

る"広告にし，ビジュアルイメージ訴求を狙っていると言える。一方，それだけではセールスポイントを伝えられない中小ブランドでは，ブランドや商品の特徴を丁寧に述べる必要がある。この意味でも，ジーノでは，記事のように見えるため商品特徴を"読ませる"広告となっている編集タイアップ広告が重視されているのである。

このようにジーノでは，主に新聞折り込みチラシと新聞広告，たまに雑誌に記事風広告を出稿しており，そこでは化粧水やファンデーションといった単品ないし新製品ではなく，むしろ基本三品を含む「うるおいのもと実感セット」の購入を促している。これは，「商品力には自信があるので，一度使ってもらえればリピーターになる確率が高い」（ブランドマネジャー）ためである。

以上の新聞広告にせよテレビCMにせよ，女優やタレントを起用してその知名度や人気に頼る通販品ブランドもある中で，ジーノではこうしたコミュニケーションを実施していない点が特徴的である。むしろジーノが人的コミュニケーションを図った際には，技術者が登場していた。例えば以前にウェブサイトでは，研究開発，商品企画，広報といったスタッフが顔写真つきで製品への思い入れを語るページが掲載されていたこともあり，もとは素材メーカーが作った化粧品ということで原料にこだわる姿勢を印象づけている。

こうしたコミュニケーションの結果，セット購入などジーノ製品を購入した消費者には，その後は顧客へのコミュニケーションに移行し，DM，メールマガジン，季刊誌が送付されることになる。

4-2-3　顧客からのコミュニケーション

上述したような美容代理消費者・消費者・顧客へのコミュニケーションもさることながら，ジーノの最大の特徴は顧客からジーノへのコミュニケーションを活発化させる仕組みを採用している点にある。

まず顧客の声の集約についてだが，ジーノは通販ブランドであるために，商品の郵送や振り込みによる入金などの都合上，氏名・住所といった顧客を識別できる情報を持っている。この情報を基に識別された顧客ごとに購入履歴も蓄積されるため，購入傾向より肌のタイプなども推測できる。そこで1997年の発売当初より，電話注文時にオペレーターが単に受注するだけでなく，顧客情報

を基に簡単なアドバイスや製品の推奨を行えるよう取り組んできたという。これを強化すべく，2007年に初の直営店となる横浜店の開設に合わせて外部の専門家を招聘して店頭の美容部員を教育した際に，コールセンターのスタッフにも同じ講習を受けさせた。こうして現在では，電話で専門的な美容相談ができるという体制を整えることで，注文時に顧客とオペレーターの間で交わされた注文情報以外の情報が，顧客の声として自然と集められるのである。加えて，郵便やFAXで注文する顧客は，注文シートの自由回答欄に要望や感想，満足や不満の理由を書くことができるようになっている。また近年では，直営店における美容部員との会話も顧客の声を集める手段として機能している。

　こうして得られた顧客の声は，その入力・検索を容易にするべくシステム変更を実施した2004年以降，商品開発に本格的に活用されているという。具体的には，類似の意見の件数といった量と，少数意見でも早急に改善すべきものといった質の両面で，顧客の声の採用および製品への反映の有無が検討されている。その結果，ジーノによれば，ブランドを立ち上げた際に発売した基本三品はシーズ起点の商品開発であるものの，その後の新製品や既存製品のリニューアルは顧客の声を反映したニーズ起点の商品開発がなされているという。なお，これらの声の反映は，成分やその配合に加え，容器のデザインにも及んでいる。

　集めた顧客の声をこのように活用する一方で，そもそも顧客の声を集めるには，顧客が声を発したくなるような仕組みも必要である。これについてジーノでは，顧客から製品化要望が寄せられたものをミニサイズの非売品として生産し，一定金額以上購入した顧客に無料でプレゼントしている。2002年の全身洗浄料を皮切りに，リップジェル，ハンドクリーム，ひじ・ひざ・かかと用クリーム，目元用マスク，ヘアオイルなどが提供され，2009年には10種類にのぼっている。例えばリップジェルやハンドクリームは，「アミノシューティカルクリームはとても気に入っています。アミノ酸を配合したハンドクリームも欲しいくらいです」という要望をふまえて作られた。だが，アミノ酸原料は高額であるため，これを配合した製品を発売するとなると，数百円の市販品に対してその2，3倍の価格をつけざるをえず，顔に塗るものではない製品で市販品とそれだけの価格差があるとなると，実際の購入者は少ないと推測された。そこで，1回限りとして数万個単位で生産でき，在庫管理も不要ということで，

プレゼントという形態を採用したという。

　このプレゼントについては，実際の商品のサンプルではないことから，実際の商品の試用ひいては購入を促すものではないと考えられる。むしろ，顧客，特に声を発した顧客にとって，ジーノへの満足と忠誠心を大いに高めるという意義があると言えよう。

　以上まとめると，ジーノでは，美容代理消費者へはアミノ酸や肌の組成といった技術面の話を中心に，制度品ブランドのように評価されることを狙っている。また消費者に対しては，まずはトライアルセットを購入してもらえるよう，新聞広告や雑誌広告を使って働きかけている。そして顧客になった場合には，電話美容相談員の育成・配置や非売品プレゼントにより，顧客と対面しない通販メーカーでありながら顧客の声を集める機会や場を設けており，その声を新製品開発や既存製品のリニューアルに活用している。このようにコミュニケーションの手段と内容を使い分けることで，化粧品専業ではない通販メーカーでありながら成功を収めていると言えるのである。

5　おわりに

　化粧品はそもそも日用品かつ必需品であるため「不況に強い」と言われる製品であるのに加え，使用開始年齢の低下，アンチエイジングへの関心の高まりによる美容液やクリームなど高級化といった追い風もあり，化粧品市場規模は順調に拡大しながら推移してきた。だが少子化や値引き競争の激化によりその効果は打ち消され，国内の化粧品市場規模はこの20年ほどほぼ横ばいで推移している。このような中，ジーノの成長も近年は鈍化し，化粧品業界で「大手ブランド」の目安となる100億円を前に売上高が伸び悩んでいると見られる。この理由としては，異業種からの化粧品参入と，消費者の成熟化の2つが考えられる。

　まず異業種からの化粧品参入については，食品業界からはメルシャンとニチレイが，素材業界からは富士写真フイルムが，小売業界からはコンビが化粧品ブランドを発売した。中でも目立つのが医薬品業界からの参入である。ジーノと同じくアミノ酸由来の化粧品「ミノン」を発売していた第一三共ヘルスケア

が，「コスメディカ」や「トランシーノ」といったブランド名で化粧品および医薬部外品を積極的に展開し始めている[10]。他にもロート製薬の「肌研（ハダラボ）」や「オバジ」，大塚製薬の「インナーシグナル」，全薬工業の「アルージェ」など，いずれも医薬品メーカーとしての研究開発力の高さを活かしたスキンケア製品ブランドが次々と立ち上げられた。これらのブランドは，ブランドイメージの構築を重視した以前のブランド開発とはもはや異なり，肌の組成をよく理解した上で，肌細胞に働きかけたり身体の中から改善する効能・効果を謳う"医薬品のような商品"を開発・販売している。さらに，これらのブランドは，医薬品メーカーとしてドラッグストアやバラエティショップといった販路との関係を築いているために，一般品ブランドとして売り場の棚を確保しやすいという優位性もある。他方，ジーノは一般品ではなく通販品ブランドであり，かつ味の素は食品メーカーであることからこの販路に弱い。これを補うべくジーノは2007年に初の直営店となる横浜店を開設し，さらにその後新宿・なんば・梅田に直営店を開設したものの，計4店舗にとどまっている。

　次に消費者の成熟化についてだが，まず美容雑誌の創刊が相次いだ。美容代理消費者の出現を促した講談社の『VoCE（ヴォーチェ）』以降，小学館が『美的（びてき）』を，集英社『MAQUIA（マキア）』をそれぞれ創刊したため，三大出版社とも美容雑誌を発行しているという状況になった。こうして個々の消費者は化粧品や化粧行為に関する情報や知識をさらに充実させている。他方，「アットコスメ」や「ヤフー・ビューティー」に代表されるクチコミサイトやブログがインターネット上に多数開設されたことで，個々の消費者の点が線となった。すなわち，ジーノは顧客との双方向コミュニケーションに注力してきたわけだが，消費者はメーカーとではなく消費者同士で情報や知識をやりとりしあうという行動を取れるようになったのである。

　このように，ジーノが特有のコミュニケーション戦略を中心に築いてきた，ジーノならではのビジネスの優位性は薄れつつある。そこでジーノや今後の化粧品ブランドには，ただでさえ高い日本の消費者の期待に応える製品開発力を磨きつつ，競争が激化する中でチャネルを確保し，売り場における棚落ちを防止するため，商流・物流・情報流を巻き込んだ体制の再編が求められていると言える。これを1社でまかなえない企業は，小規模ブランドで満足する，

OEM メーカーとなる，製造は OEM メーカーに任せてブランドイメージ構築に専念する，などの意思決定をする必要があり，その動向が注目される．

（北村　真琴）

謝辞
　2010年4月7日に，味の素㈱において，アミノ酸カンパニー化成品部香粧品リテイルグループの森康博様，および広報部の和田道子様と森山瑠美様にインタビューを実施した．ここに感謝申し上げたい．

注
1　カネボウの化粧品事業は2004年にカネボウ化粧品として分離・独立した後，2006年に花王の傘下となった．
2　集計期間は，1998年版までは「年」，99年版からは「年度」となっている．また分類項目のうち「受託」は89年版以前，「通販品」は99年版以降，「その他」は02年版以降のみに含まれる．各年版には過去3～4年・年度分のデータが掲載されており，同一の年・年度であっても各年版で数値が異なる場合があった．そのため，グラフ作成時には同一の年・年度に関して可能な限り最新版からデータを採用した．
3　制度品セルフとは，流通チャネルは制度品と同じであるものの，カウンセリングを伴わないため，販売方法は一般品と同様である．
4　コスメポートは現コーセーコスメポート，資生堂ファイントイレタリーは現エフティ資生堂，資生堂コスメニティは現資生堂フィティットである．
5　http://www.ntv.co.jp/a-sama/20021001/index.html（サイトへのアクセスは2012年8月）．このテレビ番組は，日本テレビ系列で放送された「金持ちA様×貧乏B様」という番組である．この番組は，1つの職業を取り上げて，地位や収入がトップクラスの者を「金持ちA様」，同じ職業であるのに地位や収入が低い見習いクラスの者を「貧乏B様」と呼び，両者の仕事内容や収入などを比較するというものである．その第1回目の放送（2002年10月1日放送）で，美容ライターが取り上げられた．ただし，美容ライターの人数に関する「番組独自の調査」の詳細について，このサイトには明記されていない．
6　筆者がインタビューした化粧品企業の社長によれば，伝え手が化粧品に関する正しい知識を身につけることが重要であるという個人的な考えに基づき，キャラバンの代わりにこのような説明会を開催しているのだという．
7　同社はその後，㈱味の素タカラコーポレーションへの改称を経て，現在は味の素ヘルシーサプライ㈱という社名となっている．

8　他に，コンパクトやブラシなどの化粧雑貨も，2009年時点で7品種9製品が発売されている。
9　『日経産業新聞』2006年12月6日，『日経ビジネス』2007年2月19日号。
10　さらに同社のブランド「トランシーノ」では，しみの一種である肝斑（かんぱん）を改善する錠剤であり，ブランド名と同じ商品名の医薬品も発売している。

参考文献
中島美佐子（2005）『よくわかる化粧品業界』日本実業出版社
永江朗（2001）『批評の事情』原書房
矢野経済研究所『化粧品マーケティング総鑑』各年版，矢野経済研究所
『AERA』「美容ライター引っ張りだこ─あふれる商品がニーズ生む─」1996年6月17日号，pp. 52-53
『日経産業新聞』2006年12月6日
『日経ビジネス』2007年2月19日号

■執筆者紹介■

見目　洋子（けんもく　ようこ）編著者　1章・3章・6章
専修大学商学部教授

山本　恭裕（やまもと　やすひろ）2章
千葉商科大学商経学部教授

王　煜（おう　ゆう）3章
三菱食品株式会社（NC本部　低温グループ）

小川　亮（おがわ　まこと）4章
株式会社アイ・コーポレーション代表取締役

北村　真琴（きたむら　まこと）5章・8章
東京経済大学経営学部准教授

阿久津　裕史（あくつ　ひろし）6章
一般社団法人日本惣菜協会　調査研究員

内原　綾（うちはら　あや）7章
公益財団法人沖縄県産業振興公社
産業振興部産業振興課　主任アドバイザー

■ 商品・ビジネス開発のケースブック
■ 発行日──2013年10月16日　初版発行　　　　　　〈検印省略〉

■ 編著者──見目　洋子
■ 発行者──大矢栄一郎
■ 発行所──株式会社　白桃書房
　　　　　〒101-0021　東京都千代田区外神田 5-1-15
　　　　　☎ 03-3836-4781　📠 03-3836-9370　振替00100-4-20192
　　　　　http://www.hakutou.co.jp/
■ 印刷・製本──藤原印刷

　　© Yoko Kenmoku 2013 Printed in Japan　ISBN 978-4-561-65207-6 C3063

本書のコピー，スキャン，デジタル化等の無断複製は著作権法上での例外を除き禁じられています。本書を代行業者等の第三者に依頼してスキャンやデジタル化することは，たとえ個人や家庭内の利用であっても著作権法上認められておりません。

　JCOPY 〈(社)出版者著作権管理機構 委託出版物〉
　本書の無断複写は著作権法上の例外を除き禁じられています。複写される場合は，そのつど事前に，(社)出版者著作権管理機構（電話 03-3513-6969，FAX 03-3513-6979，e-mail：info@jcopy.or.jp）の許諾を得てください。

落丁本・乱丁本はおとりかえいたします。

好評書

見目洋子・在間敬子【編著】
環境コミュニケーションのダイナミズム(改訂版) 本体 2,800 円
―市場インセンティブと市民社会への浸透

見目洋子・神原　理【編著】大原悟務・朴　宰佑・大平修司【著】
現代商品論(第2版) 本体 1,905 円

専修大学マーケティング研究会【編】
商業まちづくり 本体 2,300 円
―商業集積の明日を考える

神原　理【編著】大林　守・川名和美・前川明彦【著】
コミュニティ・ビジネス 本体 2,000 円
―新しい　市民社会に向けた多角的分析

C.H. ラブロック/L. ライト【著】小宮路雅博【監訳】高畑　泰・藤井大拙【訳】
サービス・マーケティング原理 本体 3,900 円

小宮路雅博【著】
徹底マスターマーケティング用語 本体 1,905 円

片野浩一【著】
マーケティング論と問題解決授業 本体 1,905 円

大石芳裕【編】グローバル・マーケティング研究会【著】
日本企業のグローバル・マーケティング 本体 2,800 円

嶋口充輝【監修】川又啓子・余田拓郎・黒岩健一郎【編著】
マーケティング科学の方法論 本体 3,200 円

西川英彦・岸谷和広・水越康介・金　雲鎬【著】
ネット・リテラシー 本体 2,700 円
―ソーシャルメディア利用の規定因

――――――――― 東京　**白桃書房**　神田 ―――――――――

本広告の価格は本体価格です。別途消費税が加算されます。